साहित्य और यथार्थ

साहित्य और यथार्थ

हावर्ड फास्ट

अनुवाद

विजय सुषमा

वाणी प्रकाशन

वाणी प्रकाशन
4695, 21-ए, दरियागंज, नयी दिल्ली 110 002

शाखा
अशोक राजपथ, पटना 800 004

फ़ोन: +91 11 23273167 फ़ैक्स: +91 11 23275710

www.vaniprakashan.in
vaniprakashan@gmail.com

SAHITYA AUR YATHARTH
by Haward Fast
Translated by Vijay Sushma

ISBN : 978-93-5072-059-2
Criticism

प्रथम संस्करण 1993
आवृत्ति संस्करण 2015
मूल्य : ₹ 295

पूजा ऑफ़सेट प्रिंटर्स, दिल्ली-110 093 में मुद्रित

वाणी प्रकाशन का लोगो मक़बूल फ़िदा हुसेन की कूची से

संपादक की ओर से

आज जो लोग इस शताब्दी के तीसरे, चौथे और पांचवें दशक में प्रगतिशील सांस्कृतिक आंदोलन की हलचलों से परिचित हैं वे जानते हैं कि दुनिया के अन्य देशों के साथ स्वयं पश्चिमी यूरोप और अमेरिका के साहित्य में यह एक जबरदस्त आंदोलन था। यह वह काल था जब विश्व के सबसे महान और सृजनात्मक मस्तिष्क इस आंदोलन से जुड़े। यह अलग से कहने की जरूरत नहीं है कि अमेरिका में प्रगतिशील सांस्कृतिक आंदोलन का प्रभाव इतना व्यापक था कि अर्नेस्ट हैमिंग्वे से लगाकर सैकड़ों अमरीकी लेखकों का समर्थन उसे मिला। हावर्ड फास्ट अमेरिका में उभरे इसी व्यापक प्रगतिशील सांस्कृतिक आंदोलन की एक उत्ताल तरंग थे।

दूसरे विश्वयुद्ध के बाद विशेष रूप से अमेरिका में साम्यवादी विचारों और साम्यवादियों के खिलाफ जिस मैकार्थिज्म का बोलबाला रहा; प्रगतिशील विचारों पर दमन, आतंक और पाबंदियों का जो माहौल रहा; शीत युद्ध की राजनीति के तहत दुनिया भर में समाज-विरोधी मुहिम चला सांस्कृतिक स्तर पर प्रतिक्रियावादी आंदोलन की जो नींव डाली—उसी माहौल का परिणाम था कि अमेरिकी साहित्य के इतिहास से इन विद्रोही दशकों का नामोनिशान मिटाने का प्रयास किया गया, उसे विरुपित और हास्यास्पद स्थिति में पेश कर उस पर योजनाबद्ध आक्रमण किए गए और इस समय लिखे गए साहित्य को सस्ता और घटिया प्रोपेगंडा कह उसे साहित्य का दर्जा देने तक से इंकार किया गया। गैर-अमरीकी सदन समिति की अदालत के कटघरों में खड़े कर लेखकों पर लगाए आरोपों की फेहरिश्त और उनके खिलाफ भीड़ को उकसाने की साजिशों के विस्तार में जाने की जरूरत नहीं है, इन शर्मनाक कृत्यों से सभी आज परिचित हैं।

लेकिन इतिहास किन्हीं षड्यंत्रकारियों के इशारों पर नहीं चलता उसकी गति के अपने नियम और तर्क होते हैं, अपनी शक्तियां और दिशा होती हैं। इसलिए यह स्वाभाविक ही है कि आज पुनः शीतयुद्ध के कुहासे और साम्यवाद के प्रति अंधघृणा के आवेशपूर्ण माहौल से निकलकर लोग इस इतिहास की जड़ों तक जाने का प्रयास कर रहे हैं और उस सबको सामने ला रहे हैं जो सबसे स्वस्थ, गतिशील और जीवंत था।

हावर्ड फास्ट का साहित्य इसीके अंतर्गत आता है। उन्होंने इतने

अधिक प्रमाण में साहित्य रचना की है कि उसे एकत्र उपलब्ध कराया जाय तो दर्जनों उपन्यासों, सैकड़ों कहानियों, रचनात्मक रिपोर्ताज और लेखों की विपुल सामग्री होगी। उनके कई उपन्यासों के अनुवाद तो विश्व की अनेक भाषाओं में हुए हैं—स्वयं हिंदी में 'स्पार्टकस' समेत उनके तीन महत्वपूर्ण उपन्यासों और कई कहानियों का अनुवाद एक जमाने में हुआ था। उनके उपन्यास दुनिया में सबसे अधिक पढ़ी जाने वाली रचनाओं में आते हैं जिन्होंने हजारों-हजार लोगों में संघर्षधर्मा चेतना पैदा की है।

हावर्ड फास्ट का जन्म 11 नवंबर, 1914 को न्यूयार्क शहर में एक मजदूर परिवार में हुआ था। उनके पिता एक मामूली मजदूर थे और स्वयं फास्ट ने अपने जीवन के बारे में लिखते हुए बताया है कि वे अधिकांश समय या तो हड़ताल पर रहते थे या बेरोजगार। उनका बचपन भयानक गरीबी और भुखमरी में बीता। यही कारण था कि 11 वर्ष की आयु में ही उन्होंने भी मजदूरी करना शुरू की और किसी तरह अपने परिवार को भूखों मरने से बचाया। काम करते हुए ही 16 वर्ष की आयु में उन्होंने लिखना शुरू किया। नौकरी के लिए उन्हें शहर-दर-शहर भटकना पड़ा। ऐसी जिंदगी बिताते हुए शिक्षा प्राप्त करना और लेखक बन जाना कितना कठिन कार्य है, इसका अंदाज सहज ही लगाया जा सकता है। अपने जीवन के इन कटु अनुभवों से गुजरते हुए ही फास्ट कम्युनिस्ट बने। इन व्यापक जीवनानुभावों और मार्क्सवादी विचारधारा से लैस होकर जो रचनाएं उन्होंने विश्व साहित्य को दी हैं वे कालजयी हैं। वे सच्चे अर्थों में सर्वहारा लेखक हैं।

'साहित्य और यथार्थ' नाम से उनकी जो यह पुस्तक हिंदी में प्रकाशित की जा रही है, वह दरअसल एक लंबा निबंध ही है जिसमें लेखक ने तत्कालीन अमरीकी साहित्यिक माहौल का जायजा लेते हुए यथार्थ संबंधी समस्याओं को उठाया है। इस पुस्तक को पढ़ते हुए पाठकों को सहज ही अनुभव होगा कि उनकी शैली वैसी आलोचनापरक नहीं है जैसी अक्सर आलोचनात्मक पुस्तकों की होती है। इसमें आवेश है, उग्रता है, तेजी है। लेकिन जिस माहौल में समाजवादी विचारों के खिलाफ जबरदस्त मुहिम चली हो; जहां व्यवस्था का शिकंजा संपूर्ण संस्कृति को ही नष्ट करने पर तुला हो; जहां लोगों के विश्वासों के नीचे की जमीन लगातार खिसकती जा रही हो; जहां कल के मित्र आज शत्रु पक्ष में हथियार संभाले आपको मारने पर आमादा हों; जहां रुग्णता, गुंडागर्दी, फूहड़ता का बोलबाला हो—इस माहौल में हावर्ड फास्ट की बेचैनी और तल्खी को समझा जा सकता है। यह बहुत संभव है कि उनसे कुछ ज्यादती भी हुई हो।

लेकिन क्या ही अफसोस की बात है कि बाद के दिनों में (विशेषकर छठे दशक के मध्य में घटित सोवियत कम्युनिस्ट पार्टी की 20वीं कांग्रेस और हंगरी की घटनाओं के बाद) हावर्ड फास्ट भी अपने विश्वासों पर दृढ़ नहीं रह सके। जीवन और साहित्य में आजीवन संघर्ष करने वाले लेखक के लिए यह हादसा कितना यातनापूर्ण और दुखदायी रहा होगा—लेकिन यह हुआ। यहां हम उस इतिहास में नहीं जाना चाहते। उन्होंने अपने संघर्ष-काल में जो कालजयी रचनाएं साहित्य को दी हैं वे हमारे लिए हमेशा ही प्रेरणा का स्रोत बनी रहेंगी।

आशा है कि हिंदी पाठकों को उनकी यह पुस्तक साहित्य के विभिन्न सवालों पर सोचने के लिए बाध्य करेगी।

समर्पण

राल्फ फाक्स और क्रिस्टोफर कॉडवैल की स्मृति को, जिनका विश्वास था कि साहित्य रचना को मानव की मुक्ति के संघर्षों से अलग नहीं किया जा सकता और जिन्होंने अपने विश्वासों के लिए फ्रांको और फासीवाद के विरुद्ध मानवता की स्वतंत्रता तथा स्पेन के लिए लड़ते हुए अपने जीवन का स्पेन में ही बलिदान दिया।

अनुक्रम

साहित्य और यथार्थ

एक

साहित्य में अतीत और वर्तमान में प्रचलित तमाम स्कूल, शैलियां और फैशन किसी एक लेखक या लेखकों के गुट के वस्तुगत यथार्थ से विशेष संबंधों के माध्यम से अस्तित्व में आए हैं। साहित्य में ये स्कूल और फैशन चाहे स्वयं को किसी भी रूप में रखें, उन्हें लेखक के यथार्थ के साथ संबंधों की पड़ताल द्वारा समझा जा सकता है। इसके अलावा किसी भी दूसरे प्रतिमानों को लागू करने से भ्रम फैलेगा या अधिकांशतः वह ऐसे दार्शनिक ढांचे को जन्म देगा जिसमें अस्पष्टता का साम्राज्य होता है और अज्ञान की पूजा की जाती है।

तब एक अजीब और घटिया कपड़ा बुना जाता है जिसको उधेड़ना एक हद तक महत्वपूर्ण कार्य हो जाता है। फिर भी जब तक उस विशेष कपड़े को तार-तार न किया जाए, उसका एक-एक घटिया तार दिन के प्रकाश में न लाया जाए, तब तक प्रतिमानों का लगातार विघटन स्वाभाविक है। उससे भ्रष्टाचार की ऐसी प्रक्रिया शुरू होगी, जो आज साफ दिखाई पड़ रही है। साहित्य अपने उत्पादक समाज का सर्वाधिक सटीक प्रतिबिबंन रहा है। लेकिन ऐसे समाज का अधिकांश साहित्य, जो अंतर्विरोधों से भरा हो, आर्थिक अव्यवस्था में फंसा हो तथा भयभीत होकर भयानक विश्वयुद्ध में संभावित हल देख रहा हो, स्वाभाविक रूप से स्वस्थ से काफी दूर होगा। आज अमरीका का रचनात्मक और आलोचनात्मक साहित्य गंभीर रूप से बीमार है। एक बड़ा प्रगतिशील उभार ही इसका निदान कर सकता है। आज यह बात तो निश्चय ही कही जा सकती है कि प्रगतिशील उभार आ रहा है। लेकिन फिर भी इस बीमारी की जांच का फौरी कदम उठाया जाना चाहिए जिससे कि निदान का कुछ अर्थ और दिशा हो सके।

आगे जो आलेख प्रस्तुत किया जा रहा है उसमें साहित्यिक प्रतिबिबंन के रूप में यथार्थ की प्रकृति की पड़ताल की जाएगी। साथ ही, जीवन को सच्चाई से चित्रित करने के प्रयासों में यथार्थवादी पद्धति का उपयोग किया जाएगा। यहां यह स्पष्ट करना जरूरी है कि जब भी मैं यथार्थ की बात

करता हूं तो मैं इसे किसी निरपेक्ष के रूप में नहीं बल्कि इस समय की सच्चाई की इतिहाससंमत समझ के रूप में प्रयोग कर रहा हूं, जबकि एक विशेष साहित्यिक उत्पादन सामने आ रहा है। सच्चा लेखन (जिसे मैं सबसे बड़ा मापदंड मानता हूं) हमेशा यथार्थ से लेखक से संबंधों पर निर्भर करता है। लेकिन स्वयं सत्य को द्वंद्वात्मक अर्थ में देखा जाना चाहिए। इसे सोवियत दार्शनिक एम. रोजेंथल और पी. यूदिन के शब्दों में कहें तो वह :

> हमारे ज्ञान की सापेक्षता को स्वीकार करता है। उसे वस्तुगत सत्य के नकारने के अर्थ में नहीं बल्कि इस सत्य के प्रति हमारे ज्ञान के नैकट्य की ऐतिहासिक सीमाओं के अर्थ में लिया जाना चाहिए।[1]

मैं इस आलेख को इस पड़ताल की एक शुरूआत भर मानता हूं। लेकिन यह शुरूआत कहीं से तो करनी ही है। हमें यथार्थ और साहित्य के इस विषय की पूरी जानकारी हासिल करनी है। हम ऐसे समय में हैं जब सारी मानवता को यथार्थ के साथ संबंधों के रू-ब-रू खड़ा किया जा रहा है। और लेखक को पीछे नहीं सबसे आगे चलना है। यह उनका काम है कि वे जनता को यथार्थ की प्रकृति संप्रेषित करें। उसी में उनकी कला और महानता है। उनके कार्य की मूल प्रकृति ही ऐसी है कि वे मानव की आशा और भय और यातना और जीत के सार को निचोड़ सकें। परंतु ऐसा कर सकने के लिए उन्हें दुनिया की परछाई को नहीं, स्वयं दुनिया को देखना होगा।

दो

अतीत में मुझे जो कुछ मिला और जिसे 'प्रतिक्रियावाद के सांस्कृतिक गोबर का ढेर' भी कहा जा सकता है, के शीर्ष पर फ्रेंज काफ्का आसीन हैं। तथाकथित 'नव्य समीक्षकों' और उनके त्रात्स्कीवादी सहयोगियों ने उन्हें इस अजीबोगरीब मंदिर की मुख्य प्रतिमा के रूप में प्रतिष्ठित किया है। काफ्का को मान्यता मिली और वे पढ़े गए। दर्जनों साहित्यिक त्रैमासिकों और 'लघु' पत्रिकाओं में उनकी मूर्ति के आगे धूप बत्तियां जलाई गईं और उनके अस्वाभाविक गद्य को अनुकरणीय कहकर उछाला गया। वह इस योग्य हैं या नहीं यह तो अलग बात है लेकिन वह दिलचस्प अवश्य है। क्योंकि एक छाया—संसार रचने में, विकृत संसार रचने में, यातनाओं से पीड़ित मानवता का मखौल उड़ाने में, काफ्का का निश्चय ही

कोई जवाब नहीं। इस तख्तनशीन के सारतत्व की परीक्षा जरूरी है।

अमरीका में काफ्का की सबसे अधिक पढ़ी जाने वाली रचना शायद 'कायाकल्प' मेटामार्फोसिस नाम की कहानी है। इसमें एक घुमंतु जर्मन विक्रेता का विस्तार से वर्णन किया गया है कि कैसे वह एक दिन सुबह उठने पर पाता है कि वह एक कौंक्रोच में बदल गया है।

हालांकि काफ्का की इस कहानी में व्यंग्यात्मक अभिप्राय है लेकिन वे अपने दृष्टिकोण के प्रस्तुतिकरण में पूरी तरह अतीत के व्यंग्यकारों से भिन्न हैं। लगता है कि कागज पर अपने विचार को उतारने के क्रम में वह अपने द्वारा अर्जित स्थिति के यथार्थ की अवधारणा में बह गए हैं। इसे स्पष्ट करने के लिए मैं कहानी के प्रथम दो पैरा उद्धृत करना चाहूंगा :

> जैसे ही एक सुबह ग्रेगोर सम्सा दुस्वप्न से जगा तो उसने पाया कि वह अपने बिस्तर में एक भयानक प्रकार के कीड़े में बदल गया है।
>
> वह पीठ के बल लेटा था जो कवचपट्टी की तरह सख्त थी। उसने सर उठाकर देखा तो उसे अपना बड़ा भूरा पेट दिखाई दिया जो दो झुकी हुई लहरों से बंटा था। बिस्तर की चादर जोड़ से असहाय सी खिसक रही थी। ग्रेगोर की टांगें अपने पहले के आकार की तुलना में बेहद पतली होकर उसकी आंखों के सामने असहाय सी फड़क रही थीं।[2]

इससे ही आपको उस भयावहता का अहसास हो जाएगा जो काफ्का अपनी इस कहानी में पैदा करते हैं। यह भयावहता स्थिति के यथातथ्य वर्णन के माध्यम से पैदा की गई है। काफ्का का चाहे जो भी मकसद रहा हो लेकिन उसकी कहानी व्यंग्य नहीं है। व्यंग्य में तो आतंक, जुल्म, पाप और मूर्खता का उद्घाटन करने के लिए विडंबना, उपहास और व्यंग्योक्ति का प्रयोग किया जाता है। इस प्रकार व्यंग्य यथार्थ तक पहुंचने का सबसे छोटा रास्ता बन जाता है। लेकिन इस कहानी में काफ्का का मकसद इस तरह का उद्घाटन नहीं है। वह तो यह सिद्ध करना चाहते हैं कि कुछ मनुष्य कौंक्रोच से इतने मिलते जुलते हैं कि उनके लिए यह संभव है कि एक दिन सुबह उठने पर वह पाए कि एक प्राकृतिक कायाकल्प हो गया है। कहानी के बाकी हिस्से में दुनिया के विस्तृत विवरण देकर काफ्का कोक्रौंच बने व्यक्ति की विभिन्न समस्याओं के माध्यम से अपनी धारणा को प्रतिपादित करते हैं।

पाठक पर काफ्का की कहानियों से दो प्रभाव पड़ते हैं वे हैं : संत्रास और उबकाई के। लेकिन उनका उद्देश्य क्या है ? हम जानते हैं कि आदमी

रातों रात कौंक्रोचों में नहीं बदल जाते। हम यह भी जानते हैं कि जर्मनी 'पैटी बुर्जुआजी' में चाहे जितने अवगुण हों, वह कौंक्रोच नहीं है। जिसने आधी सभ्य दुनिया को तबाह किया वह कोंक्रोचों की सेना नहीं थी। फिर काफ्का का उद्देश्य क्या है? उसने अपने मन में एक समीकरण गढ़ लिया है कि मनुष्य और कौंक्रोच एक ही हैं। वे दोनों समान रूप से योग्य और गरिमापूर्ण हैं। इस प्रकार हमारे सामने 'नए कवियों' के 'नव्य समीक्षकों' और 'पार्टीजन रिव्यू' के 'अवांगार्द' का संपूर्ण दयनीय दर्शन आ जाता है। मिल्टन हावर्ड के शब्दों में कहें तो :

> एक ऐसा दर्शन जो पूंजीवादी समाज की अमानवीयता का सामना करने वाले समकालीन अमरीका के 'शिक्षित वर्गों' को यह सिखाता है कि उनका एक मात्र आश्रय वह महान 'आधुनिक' परंपरा का साहित्य है जो आशाहीनता, विरक्ति, आत्मभर्त्सना, रहस्यवादिता और सामाजिक कार्रवाई के प्रति घृणा पर आधारित है।[3]

लेकिन आशाहीनता, विरक्ति, आत्मभर्त्सना, रहस्यवादिता और सामाजिक कार्रवाई के प्रति घृणा अपने आप पैदा नहीं हो गए हैं। आदमी और कौंक्रोच की तुलना शासक-वर्ग द्वारा शुरू किए गए उस बड़े कुचक्र का अंग है जिसे वस्तुगत यथार्थ की प्रकृति संबंधी भ्रम और भ्रष्टीकरण कहा जा सकता है। साहित्य में अनेक स्कूल पैदा होते हैं और अनाकर्षक प्रक्रियाओं को सुंदर नाम दिए जाते हैं। लेकिन यह पद्धति फ्रांस के भूतपूर्व राजदूत श्री बुलिट से मूलतः भिन्न नहीं है जिसने गैर अमरीकी गतिविधियों पर बनी सदन समिति के सामने दिए बयान में कहा था कि उसका संदेह है कि भूख से पीड़ित रूसियों ने अपने बच्चे खाए थे।

श्री बुलिट और काफ्का दो भिन्न पीढ़ियों और संस्कृतियों से संबद्ध हैं। और अगर काफ्का जिंदा होते तो शायद ये दोनों महाशय एक दूसरे को कतई नापसंद करते। लेकिन क्योंकि दोनों यथार्थ से कटे हुए हैं इसलिए उनकी प्रेरणाएं चाहे जितनी भिन्न होतीं वे राजनीतिक रूप से एक ही चीज का हिस्सा हैं। इस रूप में दोनों ही अपनी अपनी तरह से अमरीकी संस्कृति के भ्रष्टीकरण में योगदान देते हैं। इनका उत्पादन कला है या नहीं। इसका निर्धारण शैलीगत सटीकता या भावनात्मक प्रतिक्रिया के संकीर्ण मानदंडों से नहीं हो सकता। हमें उनकी रचनाओं को ऐसे व्यापक और सटीक प्रतिमानों से परखना होगा जिनमें सांस्कृतिक संदर्भों के व्यापकतम अर्थों के बीच सच्चाई को एक कसौटी की तरह प्रयुक्त किया गया हो। अर्थात् संस्कृति को उस रूप में देखना जैसा कि अंग्रेज मानवशास्त्री

ग्राह्म क्लार्क ने व्याख्यायित किया है। श्री क्लार्क के अनुसार :

> मानव ने अपनी वर्तमान स्थिति अपनी संस्कृति के माध्यम से प्राप्त की है। मनुष्य और संस्कृति वास्तव में एक संयोग हैं। संस्कृति के बिना किसी भी स्तर पर मनुष्य की कल्पना नहीं की जा सकती। और मनुष्य से अलग संस्कृति नाम की कोई चीज नहीं है।[4]

इसलिए, यदि हम संस्कृति से मनुष्य के गहरे संबंधों को ध्यान में रखें तो हम जनता के संदर्भ में प्रतिमानों को देख सकते हैं और इस प्रकार हम मानव के यथार्थ की रोशनी में कला की पड़ताल कर सकते हैं। इसके अलावा उसकी पड़ताल का कोई और तरीका नहीं है।

तीन

यह कहना एक बात है कि कला सच्चाई को (दूसरे शब्दों में मूलभूत वस्तुगत यथार्थ को) खोल सकने की कलाकार की क्षमता से जुड़कर ही फल-फूल सकती है, लेकिन इस प्रक्रिया को समझना एकदम दूसरी बात है। इस सीधी सी बात को अस्वीकार करने के उद्देश्य से जब इतने सारे 'समीक्षकों' ने इतना सब लिखा हो और अक्सर इतने अधिक जटिल रहस्यामय सिद्धांतों को उछाला हो, तो यह बात और भी सच सिद्ध होती है। आधुनिक जीवन में शायद ही कोई चीज इतनी धुंधली, खयाली पुलावों से इतनी घिरी, रुई के फाहों में इस कदर लिपटी, सस्ती अहमन्यता में इस तरह घुली मिली हो, जितनी कि रचना प्रक्रिया। पूंजीवाद के अंतर्गत एक रचनाकार भी उसी तरह शोषित है जिस तरह कि जनता के दूसरे हिस्से। लेकिन उसके कार्य की मूल प्रकृति उसे इसके सामने समर्पण की जगह उसे भ्रांति में रहने पर मजबूर करती है। अगर वह इस पर चलता है और बुद्धिमान है, तो वह बहुत कुछ प्राप्त कर सकता। लेकिन यह भी एक सच्चाई है कि वह चाहे जितना भी आज्ञाकारी क्यों न बन जाए, उसकी पगार लगातार सिकुड़ रही है उसकी आर्थिक स्थिति एक मामूली सफेदपोश क्लर्क की है। लेकिन उसकी कलम में इससे हजार गुना ताकत है, जिससे उसका दर्जा बहुत ऊंचा हो सकता है। उसके सामने एक ऐसी वायवी दुनिया है जिसमें उसकी आतमा का साम्राज्य होता है और जेब खाली होती है।

लेकिन जो लेखक स्वयं को बेचकर एकाधिकारी पूंजीवाद के असाधारण दलाल बना लेते हैं, वे इसका अपवाद हैं। फिर चाहे वे केनेथ राबर्ट्स की तरह साहित्यिक गुणों का ढोंग रचें, आर्सलर और डगलस की

तरह बाइबिल को भ्रष्ट और अध:पतित करें, बेन हैच्ट की तरह आडंबर-युक्त और बुरी फिल्में बनाएं, आर्थर शिले सिंगर की तरह साहित्यिक गुण या ऐतिहासिक सच्चाई के सारे दिखावे को छोड़ दें (जैसा उसने जल्दबाजी में लिखी फूहड़ पुस्तक 'मर्मस्थल' में किया है) उनका कोई अंत नहीं है। आर्थर शिलेसिंगर से लगाकर 'जर्नल अमेरिकन' के घृणा प्रचारक हावर्ड रशमोर तक के इस गोबर के ढेर पर फिसल आइए, आपको बड़ी पूंजी की खैरात से पगार बटती दिखाई पड़ेगी। यह खैरात उस विशेष लेखक की योग्यता और बेशर्मी के स्तर पर निर्भर करती है।

इस खयाली दुनिया में यथार्थ की कोई जगह नहीं है। यथार्थ उसके लिए खतरनाक है। यथार्थ तो व्याकुलता पैदा करता है, शक्तियों की सच्ची प्रकृति की पड़ताल में जाने को बाध्य करता है तथा एक ऐसे क्षोभ को पैदा करता है जो कभी भी लपटों में बदल सकता है। सबसे बड़ी बात तो यह है कि यथार्थ एक किस्म की पक्षधरता की मांग करता है, क्योंकि सच्चाई हमेशा पक्षधर ही होती है।

इसलिए यह खेल खेलने वाला रचनाकार चीजों की वास्तविक प्रकृति से कटकर ऐसी अंधी गली में पहुंच जाता है जो कहीं नहीं पहुंचती। यह एक ऐसी प्रक्रिया है जो जीवन का विकल्प बन जाती है। और क्योंकि मृत्यु के सिवा जीवन का कोई विकल्प नहीं है इसलिए इस मानसिक बीमारी की तार्किक परिणति मृत्यु के रूप में ही अभिव्यक्त हो सकती है। जैसा कि मैंने कहा, यह एक प्रक्रिया है और हर प्रक्रिया की तरह इस रास्ते की भी बहुत सी सीढ़ियां हैं। लेकिन ये रास्ते उस लक्ष्य से जाकर मिल जाते हैं जिसके बारे में 'नए समीक्षकों' द्वारा प्रशंसित 'नए कवियों' में से एक श्री ह्याम प्लुजिक ने ठीक ही कहा है। वैसे प्लुजिक 'नए कवियों' में उतने प्रसिद्ध नहीं हैं। मैंने उसे इसलिए चुना क्योंकि अभी हाल ही में उसकी एक नई किताब देखी है। 'आस्पेक्टस आफ प्रोटिअस'[5] नाम के कविता संग्रह में श्री प्लुजिक घोषणा करते हैं :

मैंने हमेशा खामोशी के नजदीक का शब्द तलाशा
क्योंकि बोलना ज्वर है, जैसे जीवन प्रकृति की सिहरन
हर कोई विभेदरहित न कुछ के पास पहुंचता है
बहुविध भ्रांति का अंतिम मुखौटा
शब्द जिनमें नहीं है कोई रूप, रंग, कठारता
गंध या चमक, या हृदय की घड़ी की
व्यापक झंकार,

खींचते हैं मानो कहने को
होने की तैयारी करो, यह पहला और अंतिम जीवन है।

इस कविता में समझ में आने वाला जो हिस्सा है उसे पढ़कर एक चौदह वर्षीय बच्चे के दर्शन की याद आती है, जिसे उसने एक खराब कविता में अभिव्यक्त कर दिया हो। आपको याद होगा 'टाम सव्येर' में मार्क ट्वेन ने एक मध्य पश्चिमी स्कूली लड़की का लिखा गीत दिया है। इस गद्य में वही दर्शन दिखाई पड़ता है जिस पर श्री प्लुजिक इतने रीझे हुए हैं। और वह श्री प्लुजिक की कविता से किसी भी मायने में घटकर नहीं है। इस आयु-भेद को ध्यान में रखकर बात करें तो जो चीज सामने आती है वह बहुत ही अच्छी है। उसका संदर्भ यही है कि विक्टोरियन प्रभाव से उबरना अभी बाकी है। मार्क ट्वेन की स्कूली लड़की ने जो कविता लिखी और जिसे 'टाम सव्येर' में छापने की अनुमति दी, उसमें वह कहती है :

> कुछ समय बाद उसने पाया कि इस बाहरी अच्छाई के नीचे सभी कुछ असार है। जो प्रशंसा उसकी आत्मा को खुशी प्रदान करती थी अब उसके कानों में चुभती है। नाचघर का आकर्षण खत्म हो गया था। गंवाए स्वास्थ्य और मरे दिल से उसने इन चीजों से इस विश्वास के साथ नाता तोड़ लिया कि भौतिक खुशियां आत्मा की जरूरतों को संतुष्ट नहीं कर सकतीं।

क्योंकि मैं श्री प्लुजिक को बिल्कुल नहीं जानता और क्योंकि उसकी लिखी बकवास दर्जनों दूसरे 'नए कवियों' द्वारा भी दुहराई जा रही हैं, इसलिए मैं अकेले प्लुजिक को आक्रमण के लिए अलग से छांटना नहीं चाहता। लेकिन मजे की बात यह है कि श्री प्लुजिक के कविता-संग्रह को किसी ऐरे-गैरे प्रकाशक ने नहीं बल्कि हार्पर एंड ब्रदर्स जैसे बड़े और सख्त प्रकाशक ने छापा है तथा उनकी इस विशेष कविता पुस्तक से 'न्यूयार्क टाइम्स' समीक्षक इतने प्रभावित हुए कि उन्होंने कहा, 'वह (श्री प्लुजिक) बहुत ही समर्थ और स्पष्ट व्यक्तित्व से कुछ प्राचीनतम काव्यात्मक रूपों को इस ताजगी से संजोतें हैं जो नवीनताओं पर निर्भर नहीं हैं।[6]

इसके बारे में मुझे यही कहना है कि अगर यही ताजगी है तो फिर एक महीने पुरानी पकी मछली की दुर्गंध क्या होगी ? मुझे आश्चर्य इस बात पर हो रहा है कि क्या यह बात हार्पर के लोगों या 'टाइम्स' के समीक्षक के दिमाग में आई ही नहीं कि श्री प्लुजिक लड़के नहीं काफी प्रौढ़ हैं। अगर यह बात उनके दिमाग में नहीं आई तो इससे क्या यह माना जाए कि उन्होंने अपने प्रतिमानों को फेंक दिया है ! उस यथार्थ दुनिया से उनके

संबंध का क्या हुआ जहां जीवन 'प्रकृति की एक सिहरन' ही नहीं है बल्कि स्वाभिमानपूर्ण और गौरवमय और दिल हिला देने वाली और मनोहारी सफलता है, जहां मनुष्य स्वतंत्रता के लिए संघर्ष करते हैं और मर जाते हैं। यह एक ऐसा शानदार अस्तित्व है जहां मनुष्य जानना, गढ़ना और बदलना चाहते हैं।

यह वास्तव में एक बेहद आडंबरपूर्ण सवाल है। श्री प्लुजिक या 'टाइम्स' के समीक्षक या हार्पर के संपादक जीवन के प्रति अपने दृष्टिकोण में विशिष्ट नहीं हैं। वे उसी 'अंधी गली' में शरीक हैं जहां यथार्थ का अस्वीकार पहुंचाता है। एक-दूसरे आधुनिक फ्रांसीसी कवि सेंट जॉन पर्स[7] के बारे में लिखते हुए उसी 'टाइम्स' के समीक्षक ने कहा—'यह अद्भुत है कि वह न कुछ से एक महान कविता की गौरवमय सृष्टि कर देता है।' इसके समर्थन में उसने निम्नलिखित पंक्तियां उद्धृत कीं :

> मैंने रचा है अतल और समुद्री फुहार और
> धूप के अंधड़ पर।
> मैं सोया रहूंगा हौज और खाली पात्र में।
> तमाम बेस्वाद और खाली जगहों में।
> जहां स्वाद है महानता का।

सचमुच ही यह कविता न कुछ से ही बनी है और यह उतनी ही महान है जितनी 'अक्कड़-बक्कड़ भौं-भौं' जैसी कविताएं अन्य कविताएं भी ऊपर उद्धृत कविता जैसी ही हैं और इन सबमें एक घिसापिटा बचपना और एक घटिया दर्जे का निराशावाद विद्यमान है, जिसे पढ़ना उतना ही शर्मनाक है जितना शौचालय की दीवार पर लिखी भद्दी कविताओं को पढ़ना। अब अगर ये मूर्खतापूर्ण और फूहड़ कविताएं ही विशिष्ट हैं तो इन पर कुछ कहना जरूरी है। लेकिन विशिष्ट की बात तो जाने दीजिए, ये उस विचार और दिशा के विचित्र मेल को बहुत ही प्रतिनिधिक रूप में अच्छी तरह अभिव्यक्त करती हैं, जिस पर कविता अक्सर पहुंच जाती है। वह है यथार्थ से लेखक के संबंध। इनमें किसी भी गति और कार्रवाई का अभाव है। यह खानाबदोश और रचना-प्रक्रिया की ऐसी रहस्यात्मक अवधारणा पर आधारित है, जो उनके ही अनुसार आवश्यक रूप से वस्तुगत दुनिया से अलग होगी। इस कविता में व्यक्त व्यक्तिबद्धता का बचपना इन लोगों को परेशान नहीं करता : लेकिन अगर आप यह मानकर चलें कि प्रतिमान तथा कला केवल यथार्थ से ही पैदा हो सकते हैं, तो फिर यह बात समझ में आ जाएगी।

कविता में प्रतिफलित इस संश्लेषण की चर्चा करें तो वाशिंगटन विश्वविद्यालय से प्रकाशित 'अंतरिम'[8] नामक एक 'छोटी पत्रिका' में हमें स्टाइ-मीन कार्लेन की निम्नलिखित कविता मिलती है :

समय मर चुका है
मुझे मौत की दीक्षा के लिए अग्रसर करो
छोटे पैरों वाली मौत
मेरे साथ एक कदम भी नहीं चलेगी
आत्म प्रेम की बर्छी से
तुम्हारी मौत
तुम्हारे अपने भाले पर झूल रही है।

और उस पत्रिका में ही सी. ए. पॉवेल की यह कविता देखिए :

तूफान ने उन्हें ऐसी निराशा में ढकेला
कि नफरत भी प्यार न पा सका
न परगामिनी, कामेच्छा को पावन मांद मिली
न खमीर ने अशांति को यहां पाया
तंतु ने एक सूक्ष्म रूप लिया
उच्चारण सुराख, जलते हुए सवाल
मस्तिष्क घुले मांस के तूफान में फंस गए।

और परिचित कवि केनेथ पैंचहेन की 'अंतरिम' कविता के ये अंश;

बाकी सब छोड़ो, अरे बाकी सब छोड़ो
पुआल के ढेर पर नंगी लड़कियां इंतजार कर रही हैं
सूखे पत्ते धरती पर गिरते हैं
तुम कितनी जिंदगियां व्यर्थ गंवाओगे !
क्या आत्मा को पक्षियों के पंख लगे हैं !
खैर, मुझे ताज्जुब है
राजे महाराजे शांत नींद में पड़े हैं।

ऊपर उद्धृत तीनों कविताएं उनके दंग कर देने वाले काव्यात्मक दिवालियापन के कारण नहीं बल्कि दूसरे कारणों से विचारणीय हैं। उनके छंद जिस प्रकार घिसेपिटे, 'सरल' नीरस और भड़कीले हैं, उन्हें बिना संकोच के अत्यंत साधारण और बेशर्मी की हद तक विवेक शून्य कहा जा सकता है। लेकिन उनके पीछे के सोच का गंदलापन, अस्पष्टता, निरर्थक निराशावाद,

प्रौढ़ युवा की मृत्युग्रस्तता, यथार्थ के किसी भी पक्ष से उनका दुखद कटाव, इस बात का साक्षात प्रमाण है कि जीवन से कटी हुई कला किस कदर भ्रष्ट हो जाती है। जैसा मैंने पहले भी कहा, इस भ्रष्टता की कोई सीमा नहीं है। कविता इसे ठोस और सीधे रूप में अभिव्यक्त करती है। लेकिन किसी-न-किसी रूप में 1949 के इस वर्ष में यह अमरीकी संस्कृति के सभी पक्षों और स्तरों में विद्यमान है। अपने विशेष पाठकों को फंसाने के लिए उपन्यासों, फिल्मों, रेडियो, पत्रिकाओं और दूरदर्शन में इसकी बदबू को पहचाना जा सकता है।

मवाद से भरे हुए बदबूदार नासूर की तरह यह भ्रष्टता फासिस्ट कवि एजरा पाउंड को बालिंगन लाइब्रेरी कांग्रेस पुरस्कार देने के कांड में फूट पड़ी है। 1949 में न्यूयार्क में हुए विश्व शांति के लिए सांस्कृतिक सम्मेलन में लुइस अंटरमेयर के वक्तव्य से उद्धरण दें तो, 'एजरा पाउंड की कविताएं किसी भी दृष्टि से निहायत खराब कविताएं हैं।' लेकिन लाइब्रेरी कांग्रेस के लोग, जिनमें सभी के सभी 'ख्यात' कवि और समीक्षक हैं, ने यह कहना जरूरी समझा कि :

> काव्यात्मक उपलब्धियों के अतिरिक्त किन्हीं भी दूसरे आधारों को लाने से पुरस्कार का महत्व नष्ट हो जाएगा। ऐसा करके हम सिद्धांततः मूल्यवत्ता के उस वस्तुगत ग्रहण की प्रामाणिकता को ही नकार देंगे, जिस पर किसी भी सभ्य समाज को टिके होना चाहिए।

इस विकृत वक्तव्य ने राबर्ट हिलयेर को इस संपूर्ण सवाल की पड़ताल में जाने के लिए बाध्य किया कि आज अमरीकी कविता में क्या हो रहा है। 'साहित्य की शनिवारीय समीक्षा' में छपे अपने शोध के परिणामों में वे कहते हैं :

> इलियट और नए सौंदर्य शास्त्रियों (जिनमें स्वनामधन्य 'नव्य समीक्षक' भी आते हैं) की पार्टी नीति 'कला-कला के लिए' के घिसे-पिटे सिद्धांत के अलावा कुछ नहीं है, जिसमें नौजवानों पर रौब गालिब करने के लिए जादुई शब्दाडंबर को फलों की तरह सजाया गया है। शिक्षा क्षेत्रों में उनकी शक्ति समझ से परे है, क्योंकि यह व्याप्त है व्याख्यायित नहीं। अपनी भिन्न-भिन्न कायरता और कुंठाओं को एकजुट कर, एक-दूसरे की कमजोरियों से शक्ति ग्रहण कर वे एक ऐसे जमाने में सफल हुए जो आडंबरी गुस्ताख चेहरे को पहचानने में समक्ष नहीं था। अपने सहायता-प्राप्त त्रैमासिकों में वे एक-दूसरे से अपने विनम्र मतभेदों की चर्चा की चहलकदमी करते हैं ताकि

उनके स्वतंत्र विचारों का भ्रम बना रहे। लेकिन सभी महत्वपूर्ण मामलों पर वे एकमत हैं। फिलहाल ये एक ऐसी शब्दावली में उलझे हुए हैं जिसका अपने सिवा कोई उद्देश्य नहीं है।... वे ऐसी सर्वोपरिता को ओढ़ हैं जिस पर आक्रमण इसलिए नहीं किया जा सकता क्योंकि उसका कोई सार नहीं है। कवियों से स्पष्ट दृष्टि की मांग करने वाली दुनिया को वे मोहभंग की विडंबना का विश्लेषण प्रदान करते हैं।[9]

और इस बौद्धिक गंदगी और भ्रष्टाचार के प्रति गुस्से में उसने आधुनिक कविता की सतह के कूड़े को हटाकर जो उद्घाटन किया, उस पर हिलयेर का कहना है :

एक आध्यात्मिक दलदल, जहां भाषा, नीतिशास्त्र, साहित्य और व्यक्तिगत साहस सब कुछ एक धुंधली आकारहीनता में पिघल कर ढल जाते हैं। एक नियंत्रित अंतःप्रेरणा उस बेडौल धुंध को उकसाकर एक आकृति देती है। यह शक्ल एक गतिहीन कला से उत्पन्न फासीवाद की शक्ल है।

यह दुखद स्थिति है कि राबर्ड हिलयेर जैसे दृढ़ संकल्प और बौद्धिक रूप से साहसी व्यक्ति ने भी अपना अनुसंधान जारी नहीं रखा। वे परिणाम देखते हैं और परिणाम उन्हें आतंकित करता है। मगर इसके कारण क्या है[10] इन लोगों को कौन-सी छूत की बीमारी लगी है! यह बीमारी कहां से आई है? क्या कारण है कि आधुनिक कविता के मसीहा घृणित यहूदी विरोध को कविता में लिखते हैं :

मेरा मकान जर्जर मकान है
खिड़की की दहलीज पर पलौथी मारे बैठा है यहूदी मकान मालिक
जो एंटवर्प के किसी रेस्तरां में पैदा हुआ
ब्रुसेलस में छाले पड़े, लंदन में छिलके उतारे गए।

एक जमाने में ग्रेट ब्रिटेन के राजकवि रहे राबर्ट ब्रिजिज कौन-सी चीज हत्या को गौरवान्वित करने की प्रेरणा देती है :

और युद्ध के बारे में वह सुंदरी कहेगी
यह उन चीजों में शामिल है
जो सद्गुणों की तरह हैं, मगर स्वयं सद्गुण नहीं
बल्कि आध्यात्मिक सौंदर्य के विवेक में एक दुर्गुण

जिसे रोकने के लिए चाहिए बांका घुड़सवार
फिर भी, जन्मजात ताकतवर व्यक्तित्व, चीलों का जीवन ।[11]

राबर्ट हिलयेर जब 'गतिहीन कला से उत्पन्न फासीवाद की शक्ल' की बात करते हैं तो वे कौन-सी 'निर्देशित अंत: प्रेरणा' की बात करते हैं ? अगर अंत: प्रेरणा निर्देशित है तो उसका निर्देशक कोई शक्ति या उद्देश्य भी अवश्य होगा ।

श्री हिलयेर की तरह केवल इतना कहना ही काफी नहीं है कि 'भाषा नीतिशास्त्र, साहित्य और व्यक्तिगत साहस सब कुछ एक धुंधली आकारहीनता में पिघलकर ढल जाते हैं ।' कोई चीज अवश्य है जो पिघलने की प्रक्रिया को मुहैया कर रही है । अगर हिलयेर महोदय यह सोचते हैं कि कोई भयानक, अज्ञेय ताकत कविता को बाकी अमरीकी संस्कृति से अलग किए है और कोई पिशाच उसके शरीर से रक्त चूस रहा है, तो वे गलती कर रहे हैं । यह शक्ति जानी और समझी जा सकती है और अमरीकी संस्कृति का कोई भी हिस्सा उससे अछूता नहीं है ।

मैं पहले ही कह चुका हूं कि कला सच्चाई को देखने की शक्ति के अनुपात में ही विकसित हो सकती है । उसकी इस क्षमता पर ही कला का विकास या विनाश निर्भर है । फाकीवाद हमेशा सच्चाई के विरुद्ध युद्ध की घोषणा करता है । और अगर लेखक फासीवाद का सामना नहीं करता, उसका प्रतिरोध नहीं करता, तो सबसे पहले उसे अपनी कला की ही बलि चढ़ानी पड़ेगी । एक अमूर्त रचनाप्रक्रिया यथार्थ का विकल्प नहीं हो सकती ।

चार

हमने देखा कि कैसे ये 'नव्य सौंदर्यशास्त्री' (जैसाकि राबर्ट हिलयेर उन्हें पुकारते हैं ।) यथार्थ से पलायन के दो रास्ते अपनाते हैं । पहला रास्ता वह है जिसे काफ्का ने एक पीढ़ी पहले 'कायाकल्प' में दिखाया । यह मनुष्य के प्रति वहशियाना नफरत, बढ़ती हुई संवेदनहीनता और नैतिक भ्रष्टाचार का रास्ता है, जिसमें अंतिम विश्लेषण में मनुष्य की तुलना कौक्रोच से की गई है । दूसरा रास्ता 'नए कवियों'* की भीड़ द्वारा उदाहरणार्थ पेश किया

* 'नए कवियों' और 'नव्य समीक्षकों' का एक अच्छा खासा गुट इस निर्णायक समूह में मिलेगा, जिन्होंने हाल ही में फासीवादी, देशद्रोही एजरा पाउंड को 'पिसान कैंटोज' के लिए पुरस्कार दिया निर्णायकों में कानरेड एकेन; डब्ल्यू०

गया रास्ता है, जो जीवन में विकल्प की खोज पर टिकी है और जिसका परिणाम अवश्यंभावी रूप से मृत्यु के रुग्ण बौद्धिक ग्रहण में होता है। दोनों ही स्थितियों में यथार्थ से पलायन का फौरी नतीजा स्वयं साहित्यिक रचना के पतन में होता है। और उन लेखकों की इच्छा के अनुसार ही अगर इन रचनाओं का मूल्यांकन किया जाए, तो वह रूप के आधार पर ही किया जा सकता है। इससे स्पष्टता धुंधली होती है और अंततः बिल्कुल गायब हो जाती है। जैसे-जैसे प्रतिमानों का पतन होता है, शैली भी घटिया होती जाती है। घिसेपिटेपन को स्वीकार कर लिया जाता है और वह चेतनाहीन आत्मप्रशंसा से भर जाता है। अमूर्तता को वरदान के स्तर तक उठा दिया जाता है तथा किसी भी कार्रवाई से नाता तोड़ लिया जाता है।

जनसंपर्क माध्यमों का भी वही हाल है जो लघु पत्रिकाओं के छोटे दायरे का है। लेकिन वे कुछ भिन्न रूप धारण करते हैं। क्योंकि आम जनता इन 'नए कवियों' की प्रिय बकवास से अनुकूलित नहीं हुई है और व्यस्त नागरिक श्रम से बचे कुछ घंटों को इस बकवास पर कभी जाया नहीं करेंगे, इसलिए उन्हें इस अश्लील खिचड़ी को कुछ अधिक परिचित बर्तनों में भरकर पेश किया जाता है।

उनके बड़े-बड़े लब उन्हें ऐसे साहित्य के नमूने देते हैं जो ऐसी दुनिया से ताल्लुक रखते हैं जो न तो कभी थी और न कभी होगी। ऐसी दुनिया जहां फिल्म ही भावात्मक रूप से मूर्खतापूर्ण नहीं है, बल्कि उसमें दृष्टिकोण की पाशविकता, मानवों के प्रति घृणा, सारी नैतिकता का ऐसा प्रदूषण होता है कि जर्मनी का फासिस्ट हिटलर भी जिस तक नहीं पहुंच सकता। रंगमंच ने वस्तु के अभाव को पाटने के लिए तकनीकी दक्षता का सहारा लिया है। लेकिन जैसा आपने कविता की शैली में देखा, यह तकनीकी दक्षता भी उसी तरह आश्चर्यजनक तीव्रता से विघटित हो जाती है। और रेडियो तथा दूरदर्शन में तो प्रतिमानों के दिखावे तक को छोड़ दिया गया है।

इस सबको समझने और व्याख्यायित करने की जरूरत है। और इसकी व्याख्या यथार्थ के साथ साहित्य के संबंधों पर बातचीत के द्वारा ही की जा सकती है। जहां उस संबंध को नकारा जाता है वहां लेखक फासीवाद का स्वेच्छया साधन बन जाता है। जहां उस संबंध को समझा और स्वीकार किया जाता है, वहां लेखक न केवल जनतांत्रिक संघर्ष में योगदान करता

एच. आडेन, लुई बोगां, कैथरीन गैरिसन चैपिन, टी. एस. इलियट, पाल ग्रीन, राबट लावेल, कैथरीन एन. पोर्टर, कार्ल शापिसे, एलन टेट, विलर्ड थ्प, राबर्ट पेन वारेन थे.

है बल्कि अपनी कला को भी विघटित होने से बचा लेता है। और यहां अर्थविज्ञान के किसी भ्रम की कोई गुंजाइश नहीं है। वह चीज शब्द नहीं है, जिसे बिल्ले की तरह स्वीकार कर लिया जाय (जैसाकि अनेक प्रतिक्रियावादियों ने अपने ऊपर लटका लिया है), बल्कि एक तथ्य के रूप में स्वयं यथार्थ है।

पांच

अगर यथार्थ की प्रकृति इतनी तात्कालिक और स्पष्ट समझ में आने वाली होती तो जीवन के प्रति सहज बोधपरक और अचेतन दृष्टि रखने वाले लेखकों का आधार मजबूत होता। तब वे मानव प्रकृति के प्रति स्वतःस्फूर्ति दृष्टिकोण पर निर्भर करते हुए इस मामले में बिल्कुल निश्चित होते कि यह उन्हें किसी अंधी और विध्वंशकारी गलियों में नहीं ले जाएगा। उन्हें केवल आंख खोलकर देखने की जरूरत होती और इससे उनकी सारी समस्याओं का समाधान हो जाता। वे अपनी विशिष्ट और निजी रचना-प्रक्रिया पर भरोसा करके देखे हुए में से कला निकाल लेते और तब वे ऐच्छिक मानवों की इस दुनिया में छोटेमोटे देवता के रूप में प्रतिष्ठित होते।

लेकिन यथार्थ की प्रकृति इतनी तात्कालिक और स्पष्ट समझ में आने वाली नहीं है। और जिस यथार्थ पर कला निर्भर करती है वह वैसा अचेतन नहीं हो सकता। मार्क्स ने कहा था, 'अगर चीजों का बाहरी ढांचा, रूप और प्रकृति पूर्णतया एक जैसी होतीं तो सारे विज्ञान बेकार हो जाते।'[12] क्योंकि ये तीनों तत्व एक जैसे नहीं हैं, इसलिए सभ्यता के प्रारंभ से यथार्थ की पहचान एक वैज्ञानिक प्रक्रिया रही है। लेनिन ने अपनी 'दार्शनिक टिप्पणियों' में इस तथ्य को रेखांकित किया है कि यह प्रक्रिया कभी समाप्त नहीं होती। उन्होंने कहा है कि, 'मानव विचार निरंतर गहरे उतरते जाते हैं। घटनापूर्ण यथार्थ से शुरू होकर; यथार्थ के प्राथमिक स्तर से शुरू होकर, उसके दूसरे स्तर तक अंतहीन चलते रहते हैं।'

उपर्युक्त दोनों उद्धरणों की बातों को स्पष्ट करने के लिए मैं एक बहुत ही आसान उदाहरण देना चाहूंगा। कुछ आदिम लोगों में यह विश्वास प्रचलित है कि वृक्षों के हिलने से हवा चलती है। यह कार्य-कारण संबंध की सरल और स्पष्ट सी प्रक्रिया है। पेड़ हिलते हैं, हवा चलती है। लेकिन यहां गलती परिणाम को कारण मानने में है और इस भ्रम से हवा या पेड़ों की वास्तविक प्रकृति को समझने में बाधा पैदा होती है। इसलिए केवल देखने के तथ्य से यह अर्थ नहीं लगा लेना चाहिए कि इससे माहौल की

प्रकृति भी दिखाई पड़ रही है।

अब यह मानना गलत होगा कि यथार्थ की साहित्यिक प्रकृति अनायास ही वस्तुगत यथार्थ की प्रकृति से मिलती-जुलती होगी। अगर ऐसा होता तो सामान्य वैज्ञानिक पद्धति के उद्‌भव से पहले कोई मूल्यवान साहित्य ही नहीं होता। लेकिन हम जानते हैं कि प्राचीन काल में महान और महत्वपूर्ण साहित्य लिखा गया है। इस अतर्विरोध का जवाब इस तथ्य में निहित है कि यथार्थ का चाहे जितना भी सीमित बोध क्यों न हो, वह संस्कृति के लिए एक आधार अवश्य प्रस्तुत करता है। यह संस्कृति स्वयं में एक ऐसा यथार्थ बन जाती है जिससे एक लेखक को जूझना चाहिए। तभी वह कला का निर्माण कर सकता है। अगर वह इससे मजबूती और सच्चाई के साथ जूझेगा तो उसकी कला उस संस्कृति विशेष के खत्म होने के बाद भी जिंदा रहेगी, जिसने कि उसे जन्म दिया।

उदाहरणार्थ होमर के लिए ईश्वर, राक्षस, चंडिकाओं और आत्माओं का अस्तित्व उसकी संस्कृति का हिस्सा था। वे वस्तुगत यथार्थ का अंग न होने के बावजूद प्राचीन यूनानी लोगों की सांस्कृतिक पद्धति का अंग थे। उन्हें आज भी हम उसी रूप में स्वीकार करते हैं। लेकिन अगर कोई आधुनिक लेखक होमर की तरह आज भी उसी अतींद्रिय भ्रांति का चित्रण करता है तो हम ठीक ही उसे संदेह की दृष्टि से देखेंगे। बाद में यूरीपिडीज ने यूनान में बढ़ते हुए वर्ग-संघर्ष को पहचाना और अपनी रचनाओं में उसे प्रतिबिंबित किया। यूरीपिडीज के समय में होमर की विश्वदृष्टि कला के उत्पादन के लिए प्रासंगिक नहीं रह गई थी। सांस्कृतिक प्रतिमान बदल गया था। यथार्थ का क्षितिज काफी व्यापक हो गया था। इसलिए कला की जरूरतें भी बदलीं।

यूरीपिडीज तक आते-आते संस्कृति उसके समाज की सहज परिभाषा नहीं रह गई थी। वर्ग समाज ने वर्ग-संस्कृति पैदा की और उस संस्कृति के विकास का उपयोग शासक-वर्ग ने अपने हितों के लिए किया। इसलिए यूरीपिडीज के समय में भी समाज की संस्कृति के प्रति अंधभक्ति (जो कि शासक वर्ग की संस्कृति थी) साहित्य की रचना के लिए उचित पद्धति प्रदान नहीं कर सकती थी। वास्तविक यथार्थ से संस्कृति के स्वीकृत प्रतिमान को अलग करके देखना जरूरी हो गया। इस प्रकार कला के लिए एक सत्य की तलाश शुरू हुई और यूरीपिडीज में हम एक ऐसे कलाकार को उभरता देखते हैं जो एक राजनीतिक पक्षधर व्यक्ति है।

यही कारण है कि सदियों बाद अमरीका में सफरागेटेस अपने आंदोलनात्मक भाषणों में यूरीपिडीज को उद्धृत करते हैं और ऐडिथ हैमिल्टन

'न्यू थियेटर मैगजीन' में लिखते हुए यूरीपिडीज के बारे में कह सके :

> प्रगति के लिए संघर्ष में हमेशा अगुआ रहे · किसी एक कवि में इस तरह की आधुनिक, आलोचनात्मक, अंतर्घाती, ध्वंसात्मक भावना मुश्किल से देखने को मिलेगी। वह विद्रोही है, निरंतर संघर्षरत और कभी हार न मानने वाला।

कोई इसे यूरीपिडीज के बारे में अनुशंसात्मक कथन न समझे, इसलिए हम उनके संबंध में प्रोफेसर बेंजामिन फैरिंगटन का उद्धरण देना चाहेंगे। अपनी 'प्राचीन दुनिया में विज्ञान और राजनीति' पुस्तक में वे यूरीपिडीज और वस्तुगत यथार्थ के बारे में लिखते हैं :

> इस पर जोर देना प्रासंगिक है कि जिन कदमों से यह व्यवस्था (परमाणुवाद) पनपी उनमें थेल्स, एनाक्सिभंडर, एनाक्सिमीन्स, पैथागोरस, पर्मेडिज, जेनो, मेलीसस, एंपेडोकल्स, ऐनेक्सागोरस, लउसियस और डेमोक्राइटस का महत्वपूर्ण योगदान है। यह योगदान वैज्ञानिक संस्कृति की प्रशंसनीय भूमिका है और तार्किक सोच में प्रशंसनीय प्रशिक्षण है। मानवता के इतिहास में ये नाम एक युग को सूचित करते हैं। उनसे ही मनुष्य और उसके वातावरण के बीच नए संबंधों की शुरुआत होती है। ये बावजूद सारी असफलताओं और रुकावटों के, आज भी मानवता के नए विकास में फलीभूत हो रहे हैं। लिखित इतिहास में पहली बार इस काल ने हमें प्रकृति का सामना करने वाले, पूर्णतया तार्किक तरीके से व्यवहार करने वाले, कुसंस्कारों और कानूनों की गुलामी से मुक्त मनुष्य की तस्वीर दी। कवि यूरीपिडीज ने मनुष्य का यह नया स्वरूप एनेक्सागोरस की मित्रता से प्राप्त किया। एथेंस के जनतंत्र पर लिखे अपने समूहगानों में उन्होंने इसका वैभव गाया और इस स्वर से गाया कि विज्ञान की शक्ति के संबंध में उसका विदग्ध पूर्वाभास आज भी हमें आंदोलित करता है।[13]

अब यदि सत्य ही लेखक का मूलभूत हथियार है तो क्या यह सभी लेखकों को समान रूप से प्राप्त नहीं है ? जाहिर है कि ऐसा नहीं है। हमारे तथाकथित 'मुक्त प्रेस' के घनघोर समर्थक भी शायद ही उसे सच्चाई के माध्यम के रूप में स्वीकार करें। सत्य की पक्षधरता का अगर अच्छा प्रदर्शन देखना हो तो न्यूयार्क के फोले स्क्वायर में कम्युनिस्ट पार्टी के नेतृत्व पर चले मुकदमों से बेहतर वह कहां दिखेगा। वहां संघीय सरकार के अभियोग पत्र के तहत यथार्थ को जानने की द्वंद्वात्मक भौतिकवाद की वैज्ञानिक पद्धति

कसौटी पर थी, और उसे व्यवहार में लाने के कारण गुनहगार ठहराए लोगों के लिए पांच साल की सजा और मोटे जुर्माने उनका इंतजार कर रहे थे। यह कहना उचित होगा कि यह मुकदमा सच्चाई के विरुद्ध अमरीकी प्रतिक्रियावाद के हमले का सबसे महत्वपूर्ण हिस्सा था। यह हमला अपने सार की प्रकृति में उस निर्णय से अधिक भिन्न नहीं था जब युद्धगृह पूर्व के दिनों में हमारे बोर्बोर्न के दास-मालिकों ने दासों को पढ़ाना-लिखाना सिखाते पाए किसी भी व्यक्ति पर मृत्यु-दंड की सजा लादी थी। शिक्षा यथार्थ या सत्य की प्रकृति तक पहुंचाने का एक माध्यम है। लेकिन सच्चाई का उद्‌घाटन हमेशा ही तानाशाही और प्रतिक्रियावाद के लिए खतरा है। इसीलिए, आज के अमरीका में सच्चाई को निषिद्ध करार दिया जा रहा है।

हम 'आत्मिक दलदल' की प्रकृति तक पहुंचने लगते हैं जहां 'भाषा, नीतिशास्त्र, साहित्य और व्यक्तिगत साहस एक धुंधली आकारहीनता में पिघल जाते हैं।'

छः

साहित्य में रचना-प्रक्रिया हमेशा एक संश्लेषण है, प्रतिलिपि नहीं। लेखक सूची मात्र नहीं बनाता, उसे चुनाव करना होता है। प्रकृतवाद शब्द भ्रामक है, क्योंकि प्रकृतवाद की प्रक्रिया पूर्ण या आंशिक रूप में भी प्राकृतिक नहीं है—जैसा कि एक साहित्यिक अभिमत की व्याख्या के लिए उसका इस्तेमाल किया गया है। प्रकृतवाद को यथार्थवाद से पलायन कहना ज्यादा सही होगा। यथार्थवाद ही वह साहित्यिक संश्लेषण है जो चुनाव और सृजन के द्वारा यथार्थ के बारे में पाठक की समझ को बढ़ाता है।

ब्रांड ह्वाइलॉक ने इसी अर्थ में कथा-साहित्य को गैर कथा-साहित्य से सच्चाई के अधिक करीब कहा था। गैर कथा-साहित्य दस्तावेजों, पाद-टिप्पणियों, उद्धरणों, तथ्यों, दिए गए वक्तव्यों, आंकड़ों पर अधिक निर्भर करता है। इसके विपरीत कथा-साहित्य एक या अनेक नाटकीय उद्यमों में पाठक की व्यक्तिगत भागीदारी की मांग करता है। उसमें अंतर्विरोधों की सृष्टि होती है, उन्हें सुलझाने के लिए नायक आगे बढ़ते हैं तथा पाठक इन संघर्षों में हिस्सेदार बनता है। एक कथाकार की कला का सबसे बड़ा राज इसमें निहित है कि पाठक उसमें भागीदार है। उसकी क्षमता इसमें है कि वह अपने द्वारा निर्मित नाटकीय स्थिति में पाठक को खड़ा कर दे।

उसकी कला का मापदंड यही है। वह इस काम को कितनी खूबी से कर पाता है। उसकी कला की महत्ता इस बात पर निर्भर करती है कि वह किस प्रकार की नाटकीय विचक्षणता पैदा करता है और अपने दर्शकों को किस हद तक नेतृत्व प्रदान करता है। उसकी कला का गुण इस बात पर निर्भर करता है कि उसका व्यापक जनता से क्या संबंध है ?

कोई रचनाकार चाहे जितना कुशल क्यों न हो, वह महान कला का निर्माण यथार्थ को उभारने की प्रक्रिया तथा गैर-जरूरी चीजों में से आवश्यक नाटकीय सत्य को चुनकर ही कर सकता है। यह सत्य कोई अमूर्त, जड़ या बनी-बनाई चीज नहीं है। अगर ऐसा होता तो हम एक ऐसी दुनिया में रह रहे होते जो यथास्थिति की दुनिया है और जिसमें कोई गति, आशा, प्रगति या परिवर्तन नहीं है सच्चाई के प्रति एकमात्र दृष्टि ऐतिहासिक दृष्टि है, जो भूत और भविष्य को अपने में समेट कर चलती है।

उदाहरण के लिए, साहित्य के विषय के रूप में हड़ताल के सवाल को लें। हड़ताल के प्रति स्वतःस्फूर्ति, भावानात्मक प्रतिक्रिया तब तक संभव नहीं है जब तक आपने ऐसा रचनाकार न रचा हो जिसने अपने जीवन काल में कभी भी कोई विचार अपने दिमाग में न आने दिया हो। और इस तरह के उदाहरणों का नितांत अभाव भी नहीं है। एक चलचित्र कैमरा भी आंशिक अमूर्तता से हड़ताल की तस्वीर खींच सकता है। लेकिन वह न तो कला होगी, न ही सच्चाई। कला बनने के लिए जरूरी है कि हड़ताल को ऐतिहासिक प्रक्रिया से जोड़ा जाए, और यह संबंध तटस्थ नहीं हो सकता।

एक हड़ताल मात्र हड़ताल भर नहीं है। वह बहुतों के लिए बहुत-सी चीज हो सकती है। क्योंकि ये सभी चीजें एक जैसी नहीं हैं, इसलिए वे सारी की सारी सत्य नहीं हो सकतीं। उनमें से केवल एक ही सच हो सकती है और वही उस लेखक के काम की है जो यथार्थवाद को आधार बनाना चाहता है। वह निर्णय करे ?

कारखाने के लिए हड़ताल उसकी संपत्ति और मुनाफे पर एक गैर-कानूनी प्रयास है। एक मजदूर के लिए हड़ताल जीवन-मरण का सवाल है जो उसके और उसके परिवार की जिंदगी से जुड़ा है। एक स्थानीय अखबार के लिए हड़ताल सार्वजनिक गड़बड़ी से ज्यादा कुछ नहीं। कुछ उपभोक्ताओं के लिए हड़ताल असुविधाजनक है। और लोगों की और अलग-अलग राय हो सकती हैं। जाहिर है कि सच्चाई कोई सेव नहीं है कि कोई भी उसे उठा ले। सत्य या तो इस पक्ष की तरफ है या उस पक्ष की तरफ। एक लेखक को सत्य की प्रकृति की पड़ताल करके पक्ष चुनना होगा। सच्चाई तटस्थ

नहीं, पक्षधर है।

एक दूसरा उदाहरण लें। आज साहित्य में नीग्रो लोगों के प्रति रवैये का सवाल है। ओक्टावस रॉय कोहेन के अश्लील मजाकों से लगाकर शर्ले ग्राहम के वीरतापूर्ण चरित्रों तक जमीन आसमान का अंतर दिखाई पड़ता है। क्या दोनों ही सत्य हैं ? क्या एक ही समय में नीग्रो मूर्ख, पिछड़ा, अर्द्ध-सभ्य और साहस की जीती-जागती मूर्ति, कुशाग्रबुद्धि और प्रतिभावी न हो सकता है ? नीग्रो के दमन का स्रोत क्या है ? क्या यह जानने के लिए केवल अंत: प्रेरणात्मक दृष्टि ही काफी है ? अपनी पुस्तक 'नीग्रो मुक्ति' में हैरी हेवुड ने निम्नलिखित बात कही है :

> अमरीका में नीग्रो का सवाल मूलतः कृषि से जुड़ा है। इसके अंतर्गत बंटाईदारी व्यवस्था में रह रहे उत्पीड़ित किसानों, घुड़सवार मालिकों की निगरानी, कर्जे के दास, जमीन की पुरानी भूख और निर्भरता आदि चीजें आती हैं। संक्षेप में कहें तो शोषण व्यवस्था चल संपति दासप्रथा का अवशेष है—बीसवीं शताब्दी की 'जागृत' पूंजीवादी संस्कृति के केंद्र में बैठा हुआ दासों को कोड़े मारने वाला जंगलीपन। अमरीका की 'रंगभेद' व्यवस्था के केंद्र में यही है।"[14]

अमरीका में नीग्रो दमन के मूल कारणों की अवधारणाओं के संदर्भ में उपर्युक्त दृष्टिकोण व्यापक रूप से ग्राह्य नहीं है। यह एक मार्क्सवादी दृष्टिकोण है। लेकिन सवाल उठाना होगा कि क्या यह विशेष दृष्टिकोण नीग्रो समस्या की सच्चाई की ओर हमें ले जाता है या नहीं ? अगर हां, तो नीग्रो लोगों पर लिखने वाले उन लेखकों के बारे में आप क्या कहेंगे जो इस बात से इंकार करते हैं कि नीग्रो लोग उपनिवेशी जनता हैं या अमरीका में राष्ट्रीय उत्पीड़न के शिकार हैं! इसलिए ऐसा लेखक जिस भी विषय का चुनाव करे वह यथार्थवादी रचना का सृजन नहीं कर सकता।

अपनी पुस्तक 'गली' में एन पेट्री हर्लेम में रह रहे एक नीग्रो परिवार की प्रति सहानुभूतिपूर्ण पड़ताल की बात कहती हैं। लेकिन कु. पेट्री जैसी प्रतिभाशाली और विश्वसनीय लेखिका भी इस समस्या के प्रति पूरा न्याय नहीं कर सकीं, क्योंकि उसके पास सही ऐतिहासिक समझ नहीं है। उपन्यास के पात्रों के लिए जरूरी सार्वजनीनता का उद्देश्य लेकर चलने के बावजूद वह अपने चरित्रों के जीवन से कोई भी आशा की किरण या अर्थ उभारने में असमर्थ रही। जिस हद तक वह सच्चाई का प्रतिनिधित्व करने में असफल रहीं, उसी हद तक वह वास्तविक महत्व की रचना देने में भी

असमर्थ रहीं।

इसके और अधिक ठोस उदाहरण के रूप में रिचर्ड राइट की जीवनी के पहले खंड 'काला लड़का' को लिया जा सकता है। इस पुस्तक में रिचर्ड ने अपने बूढ़े बाबा की बहुत ही कटु और सहानुभूति रहित तस्वीर खींची है, जिसके प्रति राइट के मन में न कोई भावना है न संवेदना। इस तस्वीर के दौरान राइट एक जगह कहते हैं कि बूढ़ा अपने सिरहाने एक पुराने ढंग की बंदूक रखकर सोता था, जिससे कि वह दुबारा नवनिर्माण शुरू होने की हालत में तैयार रह सके। दिक्कत यह है कि राइट के मन में घृणा ही घृणा है। दरअसल उसके बूढ़े बाबा का चरित्र गड़बड़ नहीं है बल्कि उसकी खुद की समझ ही गड़बड़ है। पाठकों के मन में इस बूढ़े लड़ाकू नीग्रो की क्या खूबसूरत हृदयद्रावक तस्वीर बनती है, जिसका अपने लोगों की मुक्ति में इतना अटूट विश्वास है कि समय की मार या मुसीबत भी उसे हिला नहीं सकते। और उसकी इन उम्मीदों में स्थिति की सच्चाई और नीग्रो लोगों की शक्ति का ऐहसास होता है।

अगर सत्य को देखना है तो उसे इसी ऐतिहासिक अर्थ में देखा जाना चाहिए। आज अमरीकी प्रतिक्रियावाद इसी ऐतिहासिक परिप्रेक्ष्य पर बर्बर हमला कर रहा है। यह अकारण ही नहीं है कि जो रिचर्ड राइट कभी कम्युनिस्ट पार्टी के सदस्य हुआ करते थे और आज वे अवसरवादी तरीके से कम्युनिस्ट विरोधियों और सोवियत विरोधियों के पक्ष में चले गए हैं। स्वतंत्रता की लड़ाई में एक सचेत पक्षधर योद्धा के रूप में उनका जो पतन हुआ है, उसका प्रभाव लेखक के रूप में उनके कलात्मक पतन के रूप में दिखाई पड़ रहा है।

कोई भी व्यक्ति आज के व्यापक सर्वग्राही यथार्थ से अछूता नहीं रह सकता और कोई भी लेखक इस व्यापक यथार्थ की पकड़ के बिना व्यक्ति-चरित्रों की सृष्टि नहीं कर सकता।

सात

आज का यथार्थ बेजोड़ है। एक निरंतरता उसे कल के यथार्थ से जोड़ती है जैसे कि वह इस निरंतरता का हिस्सा बनकर कल के यथार्थ से जुड़ेगा। लेकिन वह बीते कल या आने वाले कल से अलग भी है। आज से सौ वर्ष या बीस वर्ष पूर्व जो सच था, वह जरूरी नहीं है कि आज भी सच हो।

यथार्थ में परिवर्तन के साथ मानदंडों का बदलना आवश्यक है। शाश्वत मानदंडों जैसी कोई चीज नहीं होती। मानदंडों में शाश्वत शब्द का चलन

कपोलकल्पना है। अगर शाश्वत नाम की कोई चीज है भी तो वह परिवर्तन ही है। संस्कृति, नीतिशास्त्र और नैतिकता के मानदंड समय के परिवर्तन के साथ बदलते रहते हैं। हमें बताया गया है कि सोलोमन की पत्नी बाथशेबा सुंदर स्त्री थी। लेकिन यह नहीं कहा जा सकता कि वह आज भी सुंदर मानी जाएगी। बाइबल के विभिन्न अध्यायों में अंतर्विरोधी दैवी निर्देश दिए गए हैं। 'निर्णायकों' में इजराइलियों को आदेश दिया गया है कि वे बेरहमी से अपने शत्रुओं की हत्या करें। बाद की पुस्तकों में वही संत दया का उपदेश देता है। दयालुता के युग में कोई बच्चा ही खून के प्यासे ईश्वर का सिद्धांत गढ़ सकता है। इन अंतर्विरोधों का कारण क्या है ? 'निर्णायकों' के समय में इजराइल के विकास की जो अवस्था थी उसमें दास-श्रमिकों तथा युद्धबंदियों को रखकर खिलाना महंगा सौदा था। लेकिन बाद में दास व्यवस्था में युद्धबंदी उस समुदाय के आर्थिक विकास में मूल्यवान संपति बन गए।

इसलिए दोनों ही स्थितियों में नीतिशास्त्र का विकास तत्कालीन स्थितियों के संदर्भ में हुआ, न कि स्थिति का विकास 'शाश्वत' नीतिशास्त्र के अनुकूल हुआ। यह मानना खामखयाली है कि नीतिशास्त्र और मानदंड हवा में बनते हैं और वहां से हमेशा मानव सभ्यता पर प्रभाव डालते हैं। ऐसा सोचना 'जादुई तर्कसंगतता' है जो यथार्थ की अभिव्यक्ति में सोद्देश्य काटछांट करती है। इस तरह के जादू का स्वाभाविक निष्कर्ष 'कला कला के लिए' या कला और जीवन के विरोध का सिद्धांत होता है।

कुछ वर्षों पहले कुछ फैशनपरस्त आलोचक ग्रे की 'देहाती गिरजे के अहाते में लिखा शोक गीत' को अंग्रेजी भाषा में लिखी सर्वश्रेष्ठ कविता मानते थे। इस कविता का शांतिपूर्ण और विनम्र परित्याग दुनिया में उपनिवेश बनाते और खून में नहाते एंग्लो-सैक्सन विक्टोरियनों की पूर्ण संगति में था। उन्होंने हर प्रकार के साहित्यिक खाद्य को अपनी चेतना में भरकर कुछ ज्यादा ही बढ़ा-चढ़ाकर बाहर फेंका। आज उसकी प्रारंभिक पंक्तियां भी हमें दुर्बोध रूप से आत्मसजग लगती हैं :

कर्फ्यू डूबते दिन की मौत का घंटा बजाता है
गाएं चरागाह पर रंभाती रास्ता बना रही हैं
घर लौटता किसान थका मांदा रास्ता नाप रहा है
और एक अंधेरी दुनिया मेरे लिए छोड़ गया है।

आज वह 'महान' कविता एक अच्छी कविता रह गई है। आज से बीस या पचास वर्ष बाद उसका क्या बनेगा, कहा नहीं जा सकता।

आज जब हम बाइबल में पढ़ते हैं—'ओ जैकब, तुम्हारे खेमे कितने अच्छे हैं, ओ इजराइल तुम्हारे घर कितने अच्छे हैं,' तो इन पंक्तियों की सहज उत्कृष्टता पर आश्चर्य होता है। लेकिन यह कल्पना करना गलत होगा कि इन शब्दों में, उनके अर्थ या बनावट की उत्कृष्टता में, किसी शाश्वत गुण का निवास है। यह उत्कर्ष उसकी वस्तु से पाठक के संबंध से आया है और आज की विशेष ऐतिहासिक स्थिति के प्रति पाठक का है। मैं माने लेता हूं कि इन शब्दों ने कई हजार वर्षों तक यहूदियों और ईसाइयों को गहरे तक प्रभावित किया होगा। लेकिन उसका कारण यह है कि उस पूरे काल में यहूदियों का उत्पीड़न होता रहा और आज नाजियों के अत्याचारों और फिलीस्तीनियों के संघर्षों में भी वह उभर कर सामने आता है। जब ये संघर्ष समाप्त हो जाएंगे तब भी इनकी स्मृतियां बची रह जाएंगी और एक समय ऐसा भी आएगा जब इन स्मृतियों का तत्कालीन यथार्थ के साथ अत्यंत दुर्बोध संबंध रह जाएगा। तब इन पंक्तियों पर ही नहीं संपूर्ण बाइबल पर बिल्कुल अलग साहित्यिक मानदंडों से विचार किया जाएगा।

यह सही है कि तीन हजार वर्ष पूर्व रचे साहित्य से हम आज भी तादात्म्य स्थापित कर सकते हैं, उसका आनंद ले सकते हैं और उसकी सराहना कर सकते हैं। लेकिन हम जानते हैं कि जिस हिस्से में यह साहित्य रचा गया उसमें, तीन हजार वर्ष पहले वर्ग समाज का अस्तित्व था। यह समाज अल्पसंख्यकों द्वारा बहुसंख्यकों के शोषण पर टिका था। और शक्तियों और वर्गों के इस आधारभूत संबंध के कारण तीन हजार वर्ष पहले का यह समाज आज के हमारे अमरीकी समाज से काफी मिलता-जुलता है। उससे भी ज्यादा निकट, जितना आज हम सोवियत संघ से हैं। निकटता से मेरा तात्पर्य जीवन के भौतिक तौर-तरीकों से न होकर नीतिशास्त्र और नैतिकता के विचारधारणात्मक आधारों तथा मानडंदों से है।

यह तथ्य शायद हमारे तर्क के विरोध में दिखाई पड़े कि आज दुनिया के सभी देशों से अधिक सोवियत संघ में क्लासिकल साहित्य छपता और पढ़ा जाता है। लेकिन सोवियत संघ में क्लासिकल साहित्य को वर्ग दृष्टिकोण से देखा जाता है, उसके रचयिताओं तथा रचनाओं के वस्तु तत्व को ऐतिहासिक-भौतिकवादी अर्थ में ग्रहण किया जाता है। इस प्रकार हम भौतिकवादी आलोचना दृष्टि से अतीत के श्रेष्ठ तत्वों को प्रासंगिक रूप में उभारते हैं। क्योंकि सोवियत संघ पूंजीवादी व्यवस्थाओं के साथ रह रहा है इसलिए समझ पूरी तरह तादात्म्य स्थिति को स्थानांतरित नहीं करती, उसकी ओर बढ़ता है। जब पूरी तरह साम्यवादी समाज की स्थापना हो

जाएगी, तब वर्ग-समाज में रचे गए साहित्य के प्रति क्या रवैया होगा, मैं नहीं बता सकता। इसका उत्तर भावी पीढ़ियां देंगी।

आज भी लाखों अमरीकी गृहयुद्ध में दक्षिण की भूमिका को सही मानते हैं। लाखों लोगों को जनतंत्र पर भरोसा नहीं है। कितने ही लोग समझते हैं कि एक दिन सोवियत संघ और उसकी जनता का अवश्य ही विनाश होगा। लाखों लोग आज भी उस धर्म का पालन करते हैं (भले ही केवल दिखावे में) जिसका नीतिशास्त्र सभ्यता के प्रारंभिक काल में बना था। लाखों लोग आज भी पुनर्जन्म के सिद्धांत और 'दैवी न्याय' पर विश्वास करते हुए यह मानते हैं कि जिनके सिर पर गंगाजल की बूंदें नहीं छिड़की गईं वे नरक में जाएंगे। जब हमारी नैतिकता का इतना पतन हो गया है तो हमारे साहित्यिक मानदंड प्राचीन से भिन्न कैसे हो सकते हैं?

यह सही है कि आज के मानदंड अतीत के मानदंडों की नकल नहीं हो सकते और न ही कल के मानदंड ही आज जैसे होंगे। लेकिन इसका यह अर्थ नहीं है कि हम सब कुछ को पूरी तरह नकार दें। अतीत और वर्तमान में निरंतरता जरूरी है, लेकिन अतीत के यथार्थ से हम वर्तमान के यथार्थ को नहीं माप सकते हैं। आज के यथार्थ से जुड़कर ही हम अतीत के उस श्रेष्ठ को प्रासंगिक रूप में जीवित कर सकते हैं, जो भविष्य के निर्माण में अपनी अहम भूमिका निभा सकता। जब चल संपत्ति दासप्रथा और मजूरी दासप्रथा सुदूर अतीत की दुखद स्मृतियों में बदल जाएगी, तो मानवता बार-बार प्रोमीथियस को जानना चाहेगी। स्पार्टकस तब भी लोगों के दिलों में गहरी संवेदना और प्रतिक्रिया जगाएगा। बी. जे. जेरोम ने 'बदलती दुनिया में 'संस्कृति' में बड़ी अच्छी बात कही है :

> किर्केगार्द, काफ्का, हेडेगर और अन्य ऐसे लेखकों के 'पुनरुद्धार' का जब हम विरोध करते हैं तो उसका अर्थ यह नहीं है कि हम साहित्यिक परंपरा से पीठ फेर रहे हैं। मार्क्सवादी होने के नाते हम अतीत के गौरवपूर्ण सांस्कृतिक अवदान के सच्चे उत्तराधिकारी हैं। हम शून्य से शुरू करने वाले सिद्धांतवादी नहीं हैं बल्कि हम मानव ज्ञान, विज्ञान, साहित्य और कलाओं के उस विशाल भंडार पर खड़े हैं जो उसने न केवल पूंजीवाद में संचित किया बल्कि सामंतवाद और उससे पहले दासप्रथा के काल में अर्जित किया। हम अतीत काल के उन महान व्यक्तियों का सम्मान करते हैं जिन्होंने मानवता की जागृति में अपना योगदान दिया। लेकिन साथ ही हम उनकी ऐतिहासिक सीमाओं में आज के समाज को जकड़ने के पक्ष में नहीं हैं। हम मार्क्स और लेनिन

के स्वर में स्वर मिलाकर सांस्कृतिक विकास की निरंतरता पर बल देते हैं।

यह निरंतरता आलोचनात्मक विश्लेषण की द्वंद्वात्मक पद्धति से देखी जानी चाहिए। तभी हम स्वस्थ को स्वीकार और अस्वस्थ को नकार सकने का मानदंड पा सकते हैं। वह सब कुछ हमारी सांस्कृतिक विरासत का अंग है जिसे मनुष्य ने विश्व यथार्थ संबंधी अपने ज्ञान को व्यापक बनाने के क्रम में सदियों में रचा है। हमारे लिए वह सब कुछ महत्वपूर्ण है जिसने नए और विकासमान की दिशा में सामाजिक चेतना को मोड़ने का काम किया है। इसलिए हमारे लिए सांस्कृतिक विरासत का संघर्ष भविष्य के लिए जनता के संघर्षों से जुड़ा है।

आठ

यहां मैं अपनी बात लेनिन के एक कथन से आरंभ करना चाहूंगा जिसमें वे कहते हैं :

> वर्ग मनुष्यों के ऐसे बड़े समूह हैं जो ऐतिहासिक रूप से निश्चित सामाजिक उत्पादन व्यवस्था में अलग-अलग स्थान ग्रहण करने, उत्पादन के साधनों से उनके संबंधों (जो नियमों के अधीन हैं), सामाजिक श्रम संगठन में उनकी भूमिका और फलस्वरूप सामाजिक संपत्ति में उनके हिस्से को पाने के लिए अपनाए गए आयामों और तरीकों के कारण एक-दूसरे से भिन्न होते हैं। वर्ग मानवों के ऐसे समूह हैं जिनमें से एक, सामाजिक अर्थव्यवस्था में अपने भिन्न स्थान के कारण, दूसरों के श्रम का फल भोग सकता है।[15]

मार्क्सवादियों के अनुसार सभ्यता के सूर्योदय के बाद से तमाम लिखित इतिहास वर्ग-संघर्ष का इतिहास है। वे यह भी मानते हैं कि इस वर्ग-संघर्ष की वैज्ञानिक व्याख्या भी की जा सकती है। इस इतिहास को दास काल, सामंत काल और पूंजीवादी काल के तीन ऐतिहासिक कालों में बांटा जा सकता है। इनमें से प्रत्येक काल में वर्गों का संबंध उत्पादन की पद्धति के स्तर से निर्धारित होता है। मार्क्सवादियों का यह भी विश्वास है कि पूंजीवाद खत्म होगा और समाजवाद की स्थापना होगी, जिसकी उच्च अवस्था साम्यवाद है। वर्ग शोषण का अंत सर्वहारा वर्ग करेगा, जो सबसे समर्थ वर्ग है। इस प्रकार वह वर्ग शोषण की विविध बुराइयों से अपने को मुक्त करने के साथ-साथ मानव-सभ्यता को भी हमेशा के लिए मुक्त कर

देगा। मार्क्सवादी मानते हैं कि यह अंतिम परिवर्तन, जिसे एंगेल्स ने 'पूर्व मानव इतिहास' कहा है, दुनिया के सभी देशों में सर्वहारा वर्ग की पार्टी, कम्युनिस्ट पार्टी के नेतृत्व में होगा।

यदि लिखित इतिहास वर्ग इतिहास है तो फिर समाजवादी व्यवस्था से पूर्व का साहित्य भी वर्ग साहित्य है। अगर किसी देश के प्रभावी विचार शासक-वर्ग के विचार हैं तो यह स्वाभाविक है कि देश के अधिकांश साहित्य में उन विचारों का प्रतिफलन होगा। ऐसा कहने का यह अर्थ नहीं है कि पूंजीवाद के दौरान सीधे-सीधे या व्यंग्यात्मक रूप में विरोध का साहित्य नहीं लिखा जा सकता। लेकिन पूंजीवाद में साहित्य की यह प्रमुख प्रवृत्ति नहीं रही।

एल्बर्ट माल्ट ने अपने सुंदर निबंध 'लोगों की चेतना के प्रतिनिधि के रूप में लेखक' में कहा है :

> साहित्य के इतिहास में अधिकतर ऐसे लेखकों का प्रभाव रहा है जो अपने जीवन और रचनाओं में मानव द्वेषी नहीं बल्कि जनता से भावनात्मक लगाव और प्रेम से परिचालित रहे हैं। इसके भी आगे, वे अपने समय के प्रगतिशील और क्रांतिकारी आंदोलनों के पक्षधर रहे हैं। यह साहित्य के संपूर्ण इतिहास पर लागू न भी होता हो, फिर भी यह एक प्रमुख प्रवृत्ति रही है। और ऐसा होना स्वाभाविक भी था। मनुष्य होने के नाते दूसरे मनुष्यों की यातनाओं ने उनकी संवेदना को झकझोरा। अगर लेखक अपने समकालीन लोगों की जिंदगी को अपनी रचना का विषय नहीं बनाएगा तो और किसे बनाएगा? और अगर उसका हृदय संवेदनशील है, उसका मस्तिष्क जिज्ञासु है, उसकी आंखें खोजी, तो वह इस अपूर्ण दुनिया की तस्वीर उतारने से बच नहीं सकता और एक अच्छी दुनिया की कामना से मुंह नहीं मोड़ सकता।[16]

यह वक्तव्य काफी जोशीला और उदार है। लेकिन यह आंशिक रूप में ही सत्य है। अमरीकी और अन्य देशों में ऐसे अनेकानेक लेखक रहे हैं जिन्होंने 'जनता के प्रति भावनात्मक लगाव और प्रेम' के कारण अपने को अलगाया है। लेकिन ऐसे लेखक भी प्रमुख प्रवृत्ति नहीं बन पाए, यहां तक कि पूंजीवाद के उत्कर्ष काल में भी नहीं। आज तो उनका बेहद अभाव है। आज के अमरीकी साहित्य के बारे में यह कहना ज्यादा सही होगा कि उसमें वे लेखक छाए हुए हैं जिन्हें सर्वशक्तिशाली डालर और अपनी चमड़ी से भावनात्मक प्रेम है। मैं यह तो नहीं जानता कि वे कितने संवेदनशील और

दृष्टिवान हैं, पर इतना अवश्य जानता हूं कि कुछ को छोड़कर इनमें से अधिकांश अपने उपन्यास, नाटक, फिल्म या रेडियो के माध्यम से जो रचना दे रहे हैं उसका न तो उनकी दुनिया के वस्तुगत यथार्थ से ही कोई खास संबंध है और न दुनिया में सक्रिय शक्तियों की सच्चाई से ही।

यह सही है कि पूंजीवाद के पहले के इतिहास में आज भी तुलना में अधिक लेखकों ने यथार्थ को पकड़ने की कोशिश की। लेकिन वह प्रवृत्ति अल्पसंख्यक ही थी। उन्हें हमेशा विद्रोही मानकर मजाक उड़ाया गया। और किसी-न-किसी रूप में दंड दिया गया। अगर अल्बर्ट माल्ट यह कहते कि आज उनकी रचनाएं उनकी संख्या की तुलना में अधिक महत्वपूर्ण होकर उभरी हैं, तो उनकी बात सच होती। यह सही है कि जैसे-जैसे समय बीतेगा, उनकी रचनाएं अपने युग की महत्वपूर्ण रचनाएं मानी जाएंगी। 'लोहे की एडी' आज भी पुनर्मुद्रित होती है और पढ़ी जाती है, जबकि एक जमाने में लाखों की संख्या में बिकने वाली 'उसके कदमों में' अब लगभग मृत और भुला दी गई है। माल्ट पूछते हैं :

> और इसके अलावा और हो भी क्या सकता है ? मनुष्य होने के नाते दूसरे लोगों की यातनाओं ने उनकी संवेदना को झकझोरा। अगर लेखक अपने समकालीन लोगों की जिंदगी को अपनी रचना का विषय नहीं बनाएगा तो फिर किसे बनाएगा।

लेकिन दुर्भाग्य से यह इतना आसान नहीं है। यह इतना सरल नहीं है। अगर ऐसा होता तो आज अमरीकी साहित्य वैसा जड़ पुंज नहीं होता, जैसा कि वह है। समस्या केवल अपने समकालीन लोगों के जीवन को अपनी रचना का विषय बनाने की ही नहीं है बल्कि उससे अधिक जटिल है। सवाल है कि आप यथार्थ के संदर्भ में उनके जीवन को कैसे देखते हैं। आज कला और रेडियो, फिल्म तथा उपन्यास के नाम पर चल रही बकवास के बीच भिन्नता इसी के चलते है।

ऐसा नहीं है कि आज के यथार्थ को समझना अतीत के यथार्थ को समझने से ज्यादा मुश्किल है। बस यही कि आज का यथार्थ भिन्न है। आज हम वर्ग समाज की समाप्ति के ऐतिहासिक युग में जी रहे हैं। आज कोई ऐसे नए शोषक वर्ग नहीं हैं जो पतनशील निर्जीव पुराने शासक-वर्ग के विरुद्ध संघर्ष कर रहे हों। आज सामंतवाद को समाप्त करने के लिए संघर्ष करता कोई प्रगतिशील पूंजीवाद भी नहीं है। अब केवल एक ही भविष्य है जिसमें सर्वहारा वर्ग राज्य सत्ता पर कब्जा करके जनता के शक्तिशाली मोर्चे का नेतृत्व करते हुए हमेशा के लिए वर्ग समाज को खत्म

कर देगा। और यह भविष्य कोई 10 या 50 साल बाद का सुदूर भविष्य नहीं है, बल्कि पहले ही हमारे वर्तमान से जुड़ा हुआ है।

1917 के बाद के 32 वर्षों में इतिहास की दिशा को देखें। उस समय दुनिया में कहीं भी समाजवादी सरकार नहीं थी। आज सोवियत संघ के 22 करोड़ लोग तथा पूर्वी यूरोप के 6 करोड़ लोग समाजवाद या समाजवाद में संक्रमणशील सरकारों के अंतर्गत रह रहे हैं। दुनिया का सबसे बड़ा आबादी वाला देश चीन कम्युनिस्ट नेतृत्व में समाजवाद की तरफ बढ़ रहा है। मलय प्रायः द्वीप में, डच ईस्ट इंडीज में, मध्य भारत में, यूनान में, यूनान में कम्युनिस्टों के नेतृत्व में राष्ट्रीय स्वाधीनता आंदोलन चल रहे हैं। फ्रांस और इटली में कम्युनिस्ट पार्टियां देश की सबसे बड़ी पार्टियां हैं। इस बात से बहुत कुछ स्पष्ट होता है कि आज दुनिया में लगभग दो करोड़ लोग विश्व कम्युनिस्ट आंदोलन के सदस्य हैं जबकि करोड़ों-करोड़ लोग उनका नेतृत्व स्वीकार कर रहे हैं। मार्क्सवाद अभी केवल सौ वर्ष पुराना है।

जब आज से तीस साल पहले साम्राज्यवादियों का पूरा आतंक और सैनिक शक्ति मार्क्सवादियों को समाप्त नहीं कर पाए तो आज तो स्थित कुछ और ही है। मनुष्य को इतिहास के जितने युगों की जानकारी है उनमें पूंजीवाद का युग सबसे छोटा है। इसका कारण है उसके भयंकर अंतर्विरोध। आज की केंद्रीय और प्रमुख सच्चाई यह है कि पूंजीवाद इतिहास के रंगमंच से हट रहा है और वर्गहीन समाज इसका स्थान ले रहा है।

यही आज का यथार्थ है और इस यथार्थ के केंद्र में सोवियत समाजवादी गणराज्य का शक्तिशाली संघ है। सोवियत संघ एक सच्चाई है और दुनिया की कोई ताकत इस सच्चाई को बदल नहीं सकती। एक पीढ़ी पहले लिंकन स्टीफ़ेंस ने सोवियत संघ की यात्रा के बाद कहा था, 'मैंने भविष्य को गढ़े जाते हुए देखा है।' आज हम कह सकते हैं, 'मैंने भविष्य को देखा है, वह अवश्यंभावी है।'

सोवियत विरोध और साम्यवाद विरोध का सार है इस भविष्य से इंकार। कम्युनिस्टों पर अत्याचार, सोवियत विरोध, साम्यवाद विरोध केवल इसलिए साहित्य और कला के जानी दुश्मन नहीं हैं कि वे प्रतिक्रियावादी स्थितियां हैं, बल्कि इसलिए कि वे ऐसी स्थितियां हैं जो हमारे समय के केंद्रीय सामाजिक यथार्थ से ही इंकार करती हैं। किसी दूसरे युग के केंद्रीय सामाजिक यथार्थ से नहीं, इस युग के केंद्रीय सामाजिक यथार्थ से। आज कोई भी लेखक जीवन को उसी दृष्टि से नहीं देख सकता जिस

तरह मैलविले ने, मार्क ट्वेन ने, थियोडोर ड्रेजर ने और यहां तक कि 1917 से पहले गोर्की ने देखा। क्योंकि उन्होंने जिस जीवन को देखा वह गुणात्मक रूप में भिन्न था।

यह अंतर एक वस्तुगत तथ्य है। और कोई लेखक चाहे या न चाहे यह लेखक की कला को प्रभावित करेगा ही। आज से एक पीढ़ी पूर्व जब अमरीकी पूंजीवाद के समर्थकों को उससे कुछ उम्मीदें थीं तो सिंक्लेयर लेविस 'बैबिट' जैसी पुस्तक लिख सका। यह पुस्तक एक सामाजिक व्यंग्य होते हुए भी ऐसे सहानुभूतिपूर्ण नायक की सृष्टि कर सकी जो आत्मगत रूप से ही सही अमरीकी शासक वर्ग से जुड़ा था। आज जब 'मनमौजी बस' में जॉन स्टेनबैंक उसी विषय को आधार बनाकर लिखते हैं तो उसकी परिणति सस्ती, किशोर भावुकता और बचकानी निराशा में होती है, जिसे साहित्य का दर्जा भी नहीं दिया जा सकता। 'मनमौजी बस' के किसी चरित्र में कोई आधारभूत गरिमा या सम्मान या आशा नहीं है, कोई चरित्र किसी स्पष्ट या प्रासंगिक लक्ष्य की ओर नहीं बढ़ता। दूसरे शब्दों में, कोई भी चरित्र विरोधी के रूप में भी दुनिया को झकझोरने वाली शक्तिशाली लहरों में हिस्सेदारी नहीं करता। 'बैबिट' में लेविस यथार्थ का कुछ अंश दिखाने में सफल हुए थे, भले ही वह यथार्थ अमरीकी शासक वर्ग की संस्कृति का था। लेकिन 'मनमौजी बस' में स्टेनबैंक ने संस्कृति को विलुप्त होते हुए तो सही देखा लेकिन दुर्भाग्य से वे यह नहीं समझ पाए कि इसमें से क्या विकासशील है जो उभर रहा है। वह अपने द्वारा वर्णित संस्कृति का हिस्सा बनाकर अपनी कला को भी सड़ा देते हैं।

आज से दस वर्ष पूर्व स्टेनबैंक प्रगति की ओर जाते यथार्थ को पहचानने में समर्थ थे। लेकिन आज वे उस यथार्थ से पीछे लौट गए हैं और रास्ते में अपनी कला को भी उन्होंने कहीं फेंक दिया है।

इसलिए आज हम इस प्रस्तावना की आधारशिला रखना चाहते हैं कि आज फासीवाद विरोधी शक्तियों का पक्षधर होने के सिवा यथार्थ के प्रति कोई अन्य दृष्टिकोण नहीं हो सकता। युद्ध के बाद अमरीकी साम्राज्यवाद द्वारा सोवियत संघ के विरोध में, नव जनतंत्रों के विरोध में, उपनिवेशों के स्वाधीनता आंदोलनों के विरोध में बनाए नए गठजोड़ से यही बात रेखांकित होती है कि सच्चाई की प्रकृति हमेशा पक्षधर होती है। जब ट्रूमैन का सिद्धांत लागू किया जा रहा है, जब मार्शल योजना अमल में लाई जा रही है, जब अणु बम अमरीकी का नया 'स्वर्ण प्रतिमान' बन गया है, जब अमरीका एक हाथ में अटलांटिक समझौता और दूसरे में अणु बम लेकर फासीवाद के घृणित और अंधेरे रास्ते पर एक बार आगे बढ़ रहा

है, तो यह स्वाभाविक ही है कि अमरीकी संस्कृति प्रतिक्रियावादी वित्तीय पूंजी के सांस्कृतिक प्रतिबिंब के तौर पर उभरे। सच्चाई और यथार्थ इस बाड़े के दूसरी तरफ थे।

नौ

अब यह जरूरी प्रतीत हो रहा है कि हम साहित्य में यथार्थवादी पद्धति के बारे में कुछ कहें तथा बुर्जुआ यथार्थवाद और समाजवादी यथार्थवाद की अवधारणाओं को स्पष्ट करें।

दूसरे समीक्षकों की तरह साहित्य समीक्षक भी ऐसी पद्धति के कायल हैं जिसकी व्याख्या 'सभी चीजों के लिए जगह और हर चीज अपनी जगह पर' जैसे अच्छे विक्टोरियन प्रवचनों के तर्ज पर की जा सके। वे नामों, शीर्षकों, श्रेणियों, मतों और उप-मतों को बेहद पसंद करते हैं। वे किसी को अस्तित्ववादी कहते हैं, किसी को प्रकृतवादी, किसी को मानवतावादी, किसी को अतिप्रकृतिवादी आदि आदि। इस प्रकार की 'जटिल' और 'गंभीर' चीज वास्तव में किसी भी स्वतंत्र और तर्क संगत विचार के उत्तर-दायित्व से बच निकलने का फिसलन भरा रास्ता है। यह आडंबरपूर्ण अकड़दार, अनापशनाप सूक्तियां हैं जो यथार्थ को जादू और रहस्यवाद से स्थानांतरित कर देते हैं। वी. जे. जेरोम ने अपनी पुस्तक 'बदलती दुनिया में संस्कृति' में इस तरह की बकवास के बारे में कहा है :

> पूंजीपति वर्गहीन आधार पर सांस्कृतिक शक्तियों को अपनी सेवा में लगाता है। जनता से साहित्य और समाज के वास्तविक संबंध को छुपाने के लिए शासक वर्ग दार्शनिक भ्रांति के शब्दाडंबर में अपनी धोखाधड़ी को तर्क-संगति देता है। साहित्य में, विशेषकर कलाओं में जहां उच्च स्तर का रूप तत्व विद्यमान होता है, पूंजीवादी दार्शनिक विचार संस्कृति के अन्य क्षेत्रों की तुलना में अधिक आसानी से छुप जाते हैं।

पतनशील पूंजीवाद के पूरे दौर की तरह आज पूंजीवादी राज-नीति और संस्कृति का दार्शनिक आधार आदर्शवाद है। हालांकि दार्शनिक आदर्शवाद के अनेक स्कूल हैं, लेकिन उनमें इस विचार की समानता है कि यह दृश्यमान दुनिया मूलतः एक विचार है। इस प्रकार उस स्वतंत्र भौतिक दुनिया के अस्तित्व को नकार कर, हमारे विचार जिसका प्रतिबिंबन हैं, आदर्शवाद 'सोचने' और 'होने' के

> बीच के संबंध को विकृत करता है तथा वस्तुगत सच्चाई के अस्तित्व से इंकार करता है। एक मरणशील व्यवस्था के लिए तर्कसंगति प्रदान करने की बढ़ती जरूरत से प्रेरित होकर तथा समकालीन जीवन और विचार के हर क्षेत्र में मार्क्सवादी आलोचना के दबाव का सामना करने के लिए पूंजीवादी विचारक आदर्शवाद को लगातार अमूर्त, तटस्थ और समन्वयकारी दृष्टिकोणों के रूप में पेश करते हैं। उपयोगितावाद, उपकरणवाद और तार्किक सकारवाद उसी की अभिव्यक्तियां हैं।[17]

साहित्यिक शब्दावली में कहें तो वे लेखक जो वर्तमान यथार्थ को समझने में असमर्थ हैं, अनिच्छुक हैं या भयभीत हैं, वे दुनिया से अपना साहित्यिक ध्यान हटाकर इलिया एह्रेन बर्ग के शब्दों में 'सपनों के कारखाने' का अंग बन जाते हैं। लेकिन कला न तो पहले और न आज ही स्वप्न से गढ़ी जा सकती है। दुनिया की सारी महान, टिकाऊ, स्थाई कला हमेशा यथार्थ का प्रतिबिंबन रही है, कलाकार की प्रतिभा में संश्लिष्ट और परिवर्तित होकर। अपने सच्चे अर्थों में कला मनुष्य और सच्चाई के बीच सूत्र का काम करती है।

यथार्थवाद के अलावा और कोई पद्धति नहीं है जिससे कला का निर्माण किया जा सकता है।

यथार्थवाद की प्रकृति की सच्ची समझ होना एक बात है और कला में उसे अनगढ़, यांत्रिक तरीके से ढालना दूसरी बात। यह झूठें और 'यथार्थवाद' के नाम पर उसे जीवंत सारतत्व से रहित कर देना है। यथार्थवाद प्रतिभाहीनता की कमी को पूरा नहीं कर सकता। यथार्थवाद से तकनीक की खामी को नहीं पाटा जा सकता। यथार्थवाद कोल्हू के बैल का चलना नहीं है, अधकचरे छछुंदर की कीचड़ में लगाई दौड़ नहीं है। यथार्थवाद जनता की भाषा की समृद्धि, असीम सौंदर्य और रंग की जगह मूर्खतापूर्ण, विचारहीन राजनीतिक बकवास का स्थानांतरण नहीं है। यथार्थवाद वामपंथियों द्वारा कला को पहनाई जंजीर नहीं है। वह रुचि की जगह रूढ़ि, कविता की जगह कुकविता, रचनात्मकता के पूर्ण विकास की जगह कोई लीक नहीं है। यथार्थवाद प्यार, गर्मजोशी, संवेदनशीलता का दुश्मन नहीं, इन गुणों का अनुचर है।

यथार्थवाद साहित्य में स्वयं जीवन का प्रतिबिंबन है। यह सितारों पर पहुंचने की सीढ़ी है। एक ऐसी कला का रास्ता है जिसे मनुष्य ने पहले कभी नहीं जाना, स्वप्न में भी नहीं देखा। वे लेखक कितने अदूरदर्शी हैं जो

समझते हैं कि मानव सभ्यता अपने लिए अभूतपूर्व चमकते किले तो बनाएगी लेकिन ऐसा साहित्य न रचेगी जो उसकी भावना और भौतिक उत्पादन के साथ उड़ान भर सके।

अब यथार्थवाद की पद्धति को लें। पहले ही कहा गया है कि लेखक चुनाव करता है। जीवन के व्यापक आयामों से ऐसा चुनाव, जो कागज पर शब्दों के एक विशेष गठन में ढल जाने पर ही साहित्य में 'रचना प्रक्रिया' कही जाती है। लेखक इस चुनाव में रूप, रुचि और लय के साथ-साथ एक विश्व दृष्टिकोण भरता है, जो उसके द्वारा चुने यथार्थ के विशिष्ट अंश को उभारने वाले तत्वों को पहचानने में समर्थ बनाता है।

कोई साहित्यकार प्रकृति की नकल नहीं करता, न कर सकता है। अगर कोई लेखक किसी मनुष्य की एक दिन की जिंदगी को ठीक से देखे और उसके साथ घटी घटनाओं, उसकी चेतना के सरोकारों या उस पर पड़े प्रभावों, उसके द्वारा देखी, चखी, कही, सोची हुई चीजों को ज्यूं-का-त्यूं कागज पर उतारने को ही अपना काम समझ ले तो सैकड़ों पृष्ठ रंगने पर भी उसका अंत नहीं होगा। अगर वह इसे पूरा भी कर ले तो वह कला नहीं होगी। अर्थहीन बकवास होगी।

जैसा कि मैंने पहले कहा था कि कला एक संश्लेषण है। कलाकार कोई मशीन नहीं है, न हो सकता है। उसका उत्पादन सृजनात्मक है। वह एक सर्जक है जो जीवन की सामग्री पर काम करता है। अगर उसका कलात्मक उत्पादन केवल उसी के लिए होता है तो इसका कोई अर्थ ही न होता कि उसने क्या रचा है। अपने लिए ही लिखने वाले लेखकों की यह खामखयाली है कि उनकी रचना पर कोई मानदंड लागू नहीं किए जा सकते। क्योंकि लिखने के दौरान उसने केवल अपने मानदंडों का ही प्रयोग किया है और उसकी रचना उसी के लिए दूसरों के मानदंडों से वह एकदम अलग है।

लेकिन व्यक्तिगत कला जैसी कोई चीज नहीं होती। अपने पूर्ण अर्थ में कला होने के लिए रचना के लिए यह जरूरी है कि वह लेखक और पाठक के बीच संवाद के पुल का काम करे। और उस पुल की सफलता का निर्णय मानदंडों से ही हो सकता है। मानदंड हमेशा यथार्थ को ही प्रतिबिंबित नहीं करते। इस पुस्तक के शुरू में हमने कुछ तथाकथित 'नए कवियों' की चर्चा की थी। उनके निर्णायकों के रूप में उन्हीं के हमसफर कुछ 'नए समीक्षक' भी उसी उत्साह से सामने आए। इस प्रकार एक का बचकाना, नीरस, रूढ़, निराशावाद दूसरों की भयभीत, अहंवादी, सीमित आलोचनात्मक क्षमताओं के लिए प्रशंसनीय बन गया। अगर साफ शब्दों

में कहें तो कूड़ा-कर्कट एकत्र करने के शौकीनों ने ही कूड़ा-कर्कट प्रेमियों की प्रशंसा की। लेकिन इसकी अच्छी-बुरी जो भी कीमत थी, वह कूड़े-कर्कट प्रेमियों की नजर में ही थी। यहां हम इन 'नव्य समीक्षकों' के संबंध में राबर्ट हिलयेर की तीखी प्रतिक्रियाओं को देने का लोभ संवरण नहीं कर पा रहे हैं। हिलयेर कहते हैं :

> वर्षों पहले पाउंड और इलियट ने बिना उद्धरण चिह्न लगाए और बिना कारण बताए दूसरे लेखकों के चुनिंदा हिस्सों से अपनी रचनाओं को पाटने की परिपाटी शुरू की थी। 'द वेस्ट लैंड' में तो इस पद्धति ने ऐसा कमाल दिखाया कि जब यह कविता पुस्तक रूप में छपी तो उसके साथ एक शब्द-सूची जोड़ दी गई। दूसरों पर श्रेष्ठता दिखाने को भूखा लेखक अपने दाता साथियों के अनजाने टुकड़ों की पहचान क्षमता से ही संतोष प्राप्त करता है और उस लेखक के टुकड़ों को देकर उसकी श्रेष्ठता की भावना को अपने पर ओढ़ लेता है। मैं निस्संकोच कहना चाहता हूं कि नए कवियों और नए समीक्षकों के बीच गठबंधन का आधार इसी दंभ की समानता है। इससे समीक्षक असुविधा अनुभव करता है। शायद उससे अधिक जानकार उससे भी अधिक अंशों को पहचान ले। इससे स्रोत की खोज और व्याख्याओं की विनम्र प्रतियोगिता शुरू हो जाती है और एक नया समीक्षक दूसरे को सुधारने, हेठा सिद्ध करने के काम में उलझ जाते हैं। इस प्रकार ये सब मिलकर सहायता प्राप्त पत्रिकाओं के सुंदर पृष्ठों को खराब करते हैं। और इस ऐय्याशी के दुखद नाटक से जनता को अलग-थलग रखने के लिए वे फिर ऐसी भाषा गढ़ते हैं जिसका उनकी उस सुंदर मातृभाषा से कोई संबंध नहीं होता, जिसे वे अच्छी तरह सीख नहीं सके।

आज अमरीका में काव्य बहुत ही 'अमूल्य' वस्तु है। और उस पर लागू किए जाने वाले भ्रष्ट मानदंडों की प्रक्रिया अमूल्य संकीर्ण और असामान्य है। लेकिन जैसे ही हम कविता से निकलकर उपन्यास पर, उपन्यास से रंगमंच पर, रंगमंच से फिल्म और फिर रेडियो पर आते हैं तो मानदंडों की भ्रष्टता को भद्दे और नंगे रूप में देखते हैं।

जब एक उपन्यास छपता है तो प्रकाशक के व्यावसायिक 'साप्ताहिक' में प्रकाशन से पूर्व ही प्रकाशक घोषणा करता है कि यह विशेष उपन्यास एक बड़े धमाके के रूप में आ रहा है। उसे पहले ही एक पुस्तक क्लब ने चुन लिया है। उसके प्रचार पर दस हज़ार डालर खर्च किया जाएगा।

इसका विशेष प्रचार किया जाएगा और हर सूरत में वह सर्वाधिक बिक्री वाली पुस्तकों की सूची में ऊंचा स्थान पाएगा। और पहले से ही मची इस धूम का नतीजा यह होता है कि अधिकांश समीक्षक, और कभी-कभी तो सारे बुर्जुआ समीक्षक, उस पुस्तक की प्रशंसा करने में एक दूसरे से होड़ लेने लगते हैं। सभी जानते हैं कि अगली पुस्तक को कड़ी प्रतियोगिता से गुजरना है इसलिए दूने वेग से उसकी प्रशंसा करते हैं। वे जानते है कि क्लिफटन फेदीमैन एक टांग पर खड़ा होकर इस पुस्तक को हमारे समय की महानतम पुस्तक घोषित करेगा, जैसा कि वह पहले कितनी ही बार कर चुका है। शानदार, भव्य, वैभवशाली, महत्वपूर्ण जैसे शब्द अपना अर्थ खोकर महत्वहीन हो चुके हैं। 'महत्वपूर्ण उपलब्धि' जैसे मुहावरे अब किसी को प्रभावित नहीं करते। अब इन बेहद बुरी, अश्लील, ऐतिहासिक ख्वाबों की मनगंढ़त को श्रेष्ठ बताने के लिए नए तरीके ईजाद करने की जरूरत है, जिनसे आज साहित्यिक बाजार पटा पड़ा है। जाहिर है कि यहां सारे मानदंड गायब हो जाते हैं।

उदाहरण के लिए एक प्रकाशक ने ईसा और उनके इर्द-गिर्द के लोगों के बारे में लिखी ऐतिहासिक धार्मिक स्वप्न पुस्तकों की अनगिनत पुस्तकों के नए संस्करणों का विज्ञापन 'न्यूयार्क टाइम्स' में इस प्रकार दिया है :

> कनाडा के समीक्षकों द्वारा 'उदात्त, प्रशांत, गूढ़ ज्ञानपूर्ण', 'एक कलात्मक अनुभव' और 'बड़े मछुआरे से भी बेहतर' विशेषणों से आभूषित बारब्बास का यह उपन्यास और ईसा के बारे में उसकी भावुक और दुखद स्वीकृति अमरीकी दर्शकों के सामने बाइबल सबंधी इतिहास की महान पुनर्रचना के रूप में आए हैं।[18]

कोई पूछ सकता है कि यह सब हमें कहां ले जाएगा? 'बड़ा मछुआरा' ईसा के एक पट्ट शिष्य की एक अश्लील या और अरुचिकर कथा है, जो किसी भी विचारशील या सच्चे धार्मिक व्यक्ति का अपमान है। फिलहाल यह पुस्तक सर्वाधिक बिकने वाली पुस्तकों की सूची में दूसरे स्थान पर है, जिसकी प्रशंसा के फूल बरसाए जा रहे हैं।

इस पागलपन में भी एक तरतीब है। जो आलोचक बहुत ही जोरदार तरीके से प्रशंसा करेगा इस बात की बहुत संभावना है कि उसका उद्धरण पूरे पृष्ठ के विज्ञापन में छपे। इस रूप में उसकी प्रसिद्धि होगी। इसके साथ ही बड़े विज्ञापन बजटों से जुड़े संपादक किसी आलोचक की तल्ख टिप्पणी से नाराज हो सकते हैं। हां, किसी प्रगतिशील या कम्युनिस्ट की रचना की निंदा एक दूसरी बात है। महीने की श्रेष्ठ किताब छांटने वाले क्लब और

बड़े पैसे के अन्य संस्थानों द्वारा ऐसे प्रशंसाधर्मी आलोचकों की फौज खड़ी की जा रही है। उनका कार्य साहित्य को समझना नहीं, उसे बेचना है। और यह काम वे बखूबी करते हैं।

इस सबके मूल में है मानदंडों का भ्रष्ट हो जाना, उनका यथार्थ से कट जाना। आज जो शासक-वर्ग फासीवाद लादने पर तुला हुआ है, वह संपूर्ण अमरीकी संस्कृति की पुनर्रचना अपनी धारणा के अनुसार करता है। और यह धारणा कोई आकर्षक धारणा नहीं है। सामाजिक यथार्थ की तार्किक परिणति समाजवाद में संक्रमण को पहुंच के बाहर कहकर निषिद्ध किया गया है। मानव समाज द्वारा अभी तक ज्ञात तमाम महान अच्छाइयों को व्यापक प्रचार अभियान द्वारा बुराई में बदला जा रहा है। लेकिन क्योंकि यह महान अच्छाई जिंदगी के प्रत्येक पहलू से जुड़ी है (यहां अमरीका में भी), इसलिए जिंदगी का हर पहलू अमरीकी शासक वर्ग का दुश्मन बन जाता है। जीवन पर ही निषेधाज्ञा लागू की जाती है और साहित्य को उसके मूल प्राणस्रोत से विच्छिन्न होने के लिए बाध्य किया जाता है।

इस स्थिति में कलाकार के लिए और साहित्य में रचनात्मक यथार्थवाद के लिए क्या संभावनाएं शेष रह जाती हैं? उस यथार्थवाद की प्रकृति क्या होनी चाहिए? इस समस्या के समाधान के लिए हमें ऐसे मानदंडों के ढांचे का निर्माण करना होगा जिसका जीवन से ठोस संबंध हो। और ऐसा करते समय हमें आज के अमरीका में प्रचलित उन सड़े हुए, विकृत और बेईमान साहित्यिक मानदंडों को न केवल अस्वीकार करना चाहिए बल्कि उन्हें दिन के उजाले में चीर कर रख देना चाहिए।

यथार्थवाद पर अमल करने वाले लेखक अमरीका के लिए अजनबी नहीं हैं। उनकी एक लंबी परंपरा है। उसमें से हॉथर्न और ड्रेजर और मैलविले और मार्क ट्वेन और लंदन और फ्रेंक नारिस और स्टीफन क्रेन केवल कुछेक नाम हैं। हमारे समय में काडवैल और स्टेनबैक और हैमिंग्वे और कितने ही अन्य उसी परंपरा में हैं। वे सभी बुर्जुआ यथार्थवादी थे। वे बुर्जुआ यथार्थवादी अपनी पार्टी या राजनीतिक प्रतिबद्धता के रूप में नहीं बल्कि अपनी विश्वदृष्टि के रूप में हैं, भौतिकवादी नहीं आदर्शवादी थी। हालांकि यह उनकी सीमा थी, लेकिन क्योंकि वे यथार्थ के केंद्रीय और महत्वपूर्ण स्वरूपों को पकड़ सके इसलिए इस सीमा के बावजूद वे महान साहित्य की रचना कर सके। विभिन्न कालों में यथार्थ की ये केंद्रीय अभिव्यक्तियां पर्याप्त भिन्न थीं। इसलिए, जिन लेखकों का मैंने जिक्र किया। और अन्य बहुत से जो छूट गए, उन्हें किसी एक सरल कसौटी से नहीं मापा जा सकता। उन्हें किसी एक नियम से नापने का प्रलोभन महज भ्रांति ही

पैदा करेगा, इसलिए उससे बचना चाहिए। लेकिन अमरीका द्वारा उत्पन्न सर्वाधिक प्रतिभाशाली मार्क ट्वेन जैसे लेखक की रचनाओं से हम कुछ जायज निष्कर्ष निकाल सकते हैं।

जिस समय में मार्क ट्वेन ने परिपक्वता प्राप्त की, उस समय के यथार्थ का केंद्रीय तत्व था अर्द्ध सामंती, दास प्रथा वाले दक्षिण और जनतांत्रिक, पूंजीवादी उत्तर के बीच का अंतर्विरोध। यह कोई ऐसी चीज नहीं थी, मार्क ट्वेन जिसका विश्लेषण करते या सचेत रूप से अपने सामने रखते। यह उनके जीवन और परिवेश में इस तरह गुंथा था कि इससे इंकार करना अपने अस्तित्व से ही इंकार करना होता। राजनीतिक रूप से इस सच्चाई से पलायन का अर्थ होता स्वयं को संपूर्ण रूप से दक्षिण के दास-मालिकों से जोड़ना। इस चुनाव को उन्होंने अस्वीकार किया और इस अस्वीकार के आधार पर ही उन्होंने महान साहित्यिक रचनाएं रचीं।

यह सही है कि मार्क ट्वेन की सारी प्रकाशित पुस्तकें कालानुक्रम से गृहयुद्ध के बाद के काल की हैं। लेकिन उनकी सर्वोत्तम कृतियों में उस दुनिया के अंतर्विरोधों का प्रतिबिंबन है जो उन्होंने अपने जीवन के प्रारंभिक तीस वर्षों में जाना। 1890 में भी उन्होंने अपनी जवानी और पुरुषत्व की दुनिया के बारे में ही सर्वोत्तम लिखा। अपने समकालीन दृश्य के बारे में वे उतना अच्छा नहीं लिख सके।

यथार्थ को पकड़ने की क्षमता ही थी जिसके कारण वे अपने समय के क्षुद्र ढोंग, क्रूरता और अन्याय को साफ-साफ देख सके। 'हकल बेरी फिन' दासप्रथा और नीग्रो-दमन पर कठोर अभियोग है। लेकिन साथ ही वह दक्षिण के 'सामंती मनोविज्ञान' तथा दासों के दायरे के लोगों की अनुदार क्षुद्रता और नीचता पर भी चोट करती है। और यह कार्य उपदेशों या विनती के रूप में नहीं किया गया है। इसके विपरीत यथार्थ एक विवेकपूर्ण और रमणीय कहानी के माध्यम से सामने आता है। यथार्थ के चित्रण का यह मानवीय तरीका जीवन के सकारात्मक गुणों को स्वीकृति देता है।

या अमरीका के एक कस्बे के जीवन पर लिखे अब तक के सर्वाधिक विवेकपूर्ण और प्रिय व्यंग्य 'हैडलीबर्ग को भ्रष्ट करने वाला व्यक्ति' को ले लीजिए। हैडलीबर्ग के निवासियों के स्वार्थी, संकीर्ण, धर्मांध जीवन को उद्घाटित करते हुए मार्क ट्वेन एक क्षण के लिए भी इस तथ्य को नहीं भूलते कि वे मनुष्य हैं और इस नाते तुच्छताओं की अपेक्षा उनमें महानता की संभावनाएं कहीं अधिक महत्वपूर्ण हैं। ऐसा वे इसलिए कर पाए क्योंकि उन्होंने स्वयं को कभी भी हैडलीबर्ग की जनता से अलग नहीं किया। उनकी कमजोरियों में भागीदार बनकर ही वे उनके अनगाए आशा-आकांक्षाओं

में हिस्सा ले सके। दूसरे शब्दों में इन लोगों के संपूर्ण यथार्थवाद पकड़कर ही उन्होंने यथार्थवाद की रचना की। यह प्रक्रिया घृणा की नहीं, खोज की नहीं, संभ्रांत दंभ की नहीं, बल्कि समझ की है।

अब इसकी तुलना मार्था फोले द्वारा चुनी गई '1949 की श्रेष्ठ अमरीकी कहानियां' में संकलित कुछ कहानियों से कीजिए। इन कहानियों के बारे में 'न्यूयार्क टाइम्स' की समीक्षक बड़े उत्साह से कहती हैं :

> चरित्र की असामान्यताओं के प्रति लेखक का आकर्षण साहित्य में फ्रायड के प्रभाव के पहले से ही चला आ रहा है। लेकिन इन कहानियों के पात्रों को सता रहे तरह-तरह के स्नायुरोग कल्पना का कमाल हैं। चंद एक का जिक्र करें। भद्र दक्षिण का एक बिगड़ा हुआ लड़का रात में शव गृह में बंद एक शव से जेवर चुराने जाता है, एक विशालकाय औरत रात को अपने आंगन की दीवार को लोहे की छड़ से पीट-पीट कर धार्मिक विधि करती है, एक कस्बे की हेड्डा गैबलर अपने पड़ौसियों को गुमनाम पत्र लिखती है, और पिकनिक पर गए मदहोश लोगों का गिरोह एक निर्दोष कछुए के बच्चे पर अपना दबा हुआ आक्रोश उतारते हैं।[19]

कोई यह न मान ले कि अमरीका के इस चेहरे को (जो सर्वोत्तम है) वे नापसंद करती हैं, इसलिए 'टाइम्स' समीक्षक जल्दी से जोड़ती हैं :

> ध्यान देने की बात यह है कि अस्वाभाविकता के प्रति यह रुचि रोग सूचक नहीं है, बल्कि सामाजिक दबावों, स्वाभविकता द्वारा लगाए प्रतिबंधों और यथार्थ संबंधी औसत आदमी की धारणा के प्रति व्यापक संवेदनशीलता से पैदा होती है।

ऊपर की बकवास से अधिक परेशान होने की जरूरत नहीं है, क्योंकि हाल में शानदार कागज पर छपी छः सौ पृष्ठों की पुस्तक से कुछ अधिक जटिल पुस्तक की समीक्षा करने वाले समीक्षक से इस तरह के छद्म-मनोविश्लेषणात्मक दोगलेपन की सहज ही उम्मीद की जा सकती है। परेशानी की बात यह है कि मार्था फोले जैसी रुचिशील और ईमानदार महिला ने इस तरह का बचकाना, धोखाधड़ीपूर्ण संग्रह तैयार किया और इसे 'श्रेष्ठ' अमरीकी लेखन कहा। केवल यही नहीं कि मार्क ट्वेन की 'हैडलीबर्ग को भ्रष्ट करने वाला व्यक्ति' जैसी कोई कहानी इसमें नहीं है, बल्कि संपादिका ने ऐसी कहानी की जरूरत ही नहीं समझी।

मार्क ट्वेन ने जब 'द कनेक्टीकट यांकी' लिखा, उस समय

कैथोलिक गिरजा विश्व राजनीति में काफी हिस्सा लेने लगा था। इस समय ऐसे श्रद्धापूर्ण और अनछुए विषय पर लिखते हुए उन्होंने चर्च की राजनीतिक दखलंदाजी पर ऐसा कटुतम और समझौताहीन आक्रमण किया। लेकिन 'द कनेक्टीकट यांकी' में केवल कैथोलिक-विरोध को देखना उसकी महिमा को घटाना है। इस विवेकपूर्ण और अद्‌भुत पुस्तक में मार्क ट्वेन की मूर्खता और क्रूरता को अपना निशाना बनाते हैं। दूसरे नंबर पर मखौल बनाने के लिए उन्होंने राजतंत्र को चुना है जिसके सिर पर शासक-वर्ग की पूरी धारणा खड़ी है और जिसमें प्रिय एंग्लोसैक्सन कानून को विदाई दे दी गई है। यहां बहुत ही बेहतर ढंग से मूर्खता, शोषण और अन्याय के प्रति मार्क ट्वेन की घृणा व्यक्त हुई है। लेकिन अन्य रचनाओं की तरह यहां भी इन बुराइयों का स्रोत अपरिभाषित ही रह जाता केवल एक घनघोर रूढ़िवादी व्यक्ति ही इस बात से इंकार कर सकता है कि भौतिकवादी अर्थ में इतिहास की पूर्ण समझ मार्क ट्वेन को और भी अधिक महान लेखक बना देती।

यह पुस्तक व्यंग्य की एक कल्पनात्मक उड़ान होते हुए भी गहन यथार्थ की उपज है। यह इसलिए संभव हो सका क्योंकि जिस समय यह पुस्तक लिखी गई उस समय तक पूंजीवाद के साथ चर्च का समझौता नहीं हुआ था। इस कारण, पूंजीवादी विचारधारा के प्रभावी दायरे की सीमाओं में काम करते हुए भी मार्क ट्वेन यथार्थ के रूप को पकड़ सके।

'द कनेक्टीकट यांकी' जैसे विरोध के उपन्यासों को ध्यान में रखते हुए उस समय शक्तियों के वर्ग संतुलन तथा अमरीकी पूंजीवाद में विकास की विशेष अवस्था को नजरंदाज करना, एक गलती होगी।

यह तथ्य बहुत महत्वपूर्ण है कि बाद के वर्षों में जब वस्तुगत यथार्थ की केंद्रीय धुरी बदल गई तो मार्क ट्वेन उसके साथ बदलने में असमर्थ रहे। इससे उनके लेखन की क्षति हुई। गृहयुद्ध में संघ की विजय के बाद ही एक पूंजीवादी राष्ट्र के रूप में अमरीका का पूर्ण विकास हुआ। गृहयुद्ध के समय जनता की लूट से हासिल की गई पूंजी से रेलमार्ग का निर्माण हुआ और जनता से मार्गाधिकार के लिए एकत्र अनुदानों से बड़े-बड़े उद्योगों का निर्माण शुरू हुआ। उसके बाद के तीन दशकों में अमरीका कृषि प्रधान देश बन गया। अब अमरीकी यथार्थ का केंद्रीभूत मुद्दा पूंजीवादी और जनतांत्रिक उत्तर तथा दासप्रथा समर्थक दक्षिण के बीच का अंतर्विरोध नहीं था बल्कि वह था विकासमान मजदूर वर्ग और पहले से ही विद्यमान साम्राज्यवादी एकाधिकारी पूंजीवाद के बीच का अंतर्विरोध। इस नए यथार्थ को समझने और पकड़ने की असमर्थता ने मार्क ट्वेन के अंतिम वर्षों को

बांझ बना दिया।

इस प्रकार हम देखते हैं कि वस्तुगत यथार्थ पहाड़ों, नदियों और घाटियों की तरह कोई सहज और अपरिवर्तनीय चीज नहीं है (हालांकि इसमें भी परिवर्तन होता है)। यथार्थ शक्तियों और वर्गों का लगातार परिवर्तनशील खेल है। कभी-कभी यथार्थ की पकड़ के लिए विरोध और विद्रोह की जरूरत होती है, जैसा कि 1930 में थी। कभी-कभी प्रभुत्व-शाली वर्गों को अपने अस्तित्व की रक्षा के लिए यथार्थ का सामना करना पड़ता है।

इन विचारों के यांत्रिक व्यवहार से बचने के लिए जैक लंडन और युवा अप्टन सिंक्लेयर के उदाहरण लिए जा सकते हैं। दोनों ने ही विरोध के गुस्सा भरे उपन्यास लिखे। अमरीकी साहित्य में अप्टन सिंक्लेयर के 'जंगल' उपन्यास से अधिक सजीव सर्वहारा उपन्यास कोई दूसरा नहीं है। दूसरी ओर जैक लंडन का 'लोहे की एड़ी' एक स्पष्टवादी क्रांतिकारी दस्तावेज है इन दोनों में से कोई भी पुस्तक अगर आज की आधुनिक शब्दा-वली में लिखी जाती है तो उनके लेखक अमरीकी शासन वर्ग के बर्बर प्रतिबंधों और दंड से बच नहीं सकते थे ; लेकिन जिस समय वे लिखी गईं उस समय स्थिति दूसरी थी। मैकमिलन कंपनी जैसे एक समृद्ध पूंजीवाद प्रतिष्ठान ने 'लोहे की एड़ी' को छापा और प्रशंसात्मक और उत्साहवर्धक समीक्षाओं के बीच उसके कई संस्करण बेचे। और 'जंगल' तो शीघ्र ही एक स्वीकृत अमरीकी गौरव-ग्रंथ ही बन गया।

इसका उत्तर यही है कि मजबूत और ओजस्वी अमरीकी पूंजी-वाद दुनिया के बाजार का पुनर्विभाजन करने के लिए अपनी ताकत की आजमाइश की तैयारी कर रहा था। कोई समाजवादी सत्ता तब तक अस्तित्व में नहीं थी। अमरीकी सर्वहारा वर्ग को अभूतपूर्व ताकत और हिंसा से नियंत्रित कर लिया गया था, उसके नेता खरीद लिए गए थे और उसकी लड़ाई को 'शुद्ध और सरल' ट्रेडयूनियनवाद की दिशा दे दी गई थी। सिंक्लेयर समझते थे कि समाजवाद उसके बारे में बातचीत करने से तथा लिखने से आ जाएगा।

मगर समाजवाद बातों से नहीं आता और उस समय अमरीका में कोई वास्तविक मार्क्सवादी पार्टी नहीं थी। सिंक्लेयर के 'जंगल' में चित्रित शिकागो मीट उद्योग का यथार्थ उसके नायक को सोशलिस्ट पार्टी में ले जाता है। और स्थिति की आदर्शवादी प्रकृति तब और स्पष्ट होती है जब वह सोशलिस्ट पार्टी की बैठक में अपना शाकाहारी कार्यक्रम पेश करता है। जैक लंडन भी जब 'लोहे की एड़ी' में अमरीकी मजदूर वर्ग के अनेक विद्रोहों

का वर्णन करते हैं तो वे भी उसी आदर्शवादिता का सबूत देते हैं। फासीवाद के यथार्थ की जो सुंदर कल्पना उन्होंने की वह उसकी रहस्यवादी, संगठित मजदूरों की आदर्शवादी धारणा और क्रांतिकारी प्रक्रियाओं के संबंध में उनकी काल्पनिक धारणाओं से कमजोर हो गई। अगर हम इन पुस्तकों को उनके सही ऐतिहासिक परिपेक्ष्य में रखकर देखें तो इन दोनों पुस्तकों का महत्व कम नहीं होता। लेकिन इससे यथार्थवाद के सवालों पर हमारी समझ अवश्य ही अस्पष्ट होती है।

दस

यथार्थवाद के बारे में सबसे बड़ी भ्रांत धारणा उसे कथ्य की बजाय रूप का सवाल मान लेने की है रूपवाद की इस प्रवृत्ति ने यथार्थवाद के सवाल को जितना उलझाया है, उतना और किसी चीज ने नहीं। इस गलत धारणा के चलते यथार्थ की पूरी अवधारणा ही विकृत हो गई। ऊपर से देखने पर कोई कृति यथार्थवादी लग सकती है, लेकिन जरूरी नहीं है कि उसका यथार्थ से कोई गहरा संबंध हो ही। यथार्थवाद का मापदंड लेखक द्वारा चुनी विशिष्ट शैली या रूप को नहीं, वस्तुगत को थहाना है (वह सामान्य हो या विशिष्ट)। सतह पर की गई पालिश भले ही पाठक को धोखा दे जाय लेकिन वह सहायक की जगह बाधक ही होगी।

ध्वनि का संकेत पहचानने वाला कान भी यथार्थवाद की प्रकृति के वाहन की पहचान नहीं हो सकता। उदाहरण के लिए अमरीकी साहित्य में ध्वनि-संकेत पहचानने में जेरोम वीडमान का कोई जवाब नहीं। उन्हें सुनी हुई बातचीत के अभिप्राय को ही नहीं, उसके कथ्य को भी हूबहू उतारने में महारत हासिल है। लेकिन वे यथार्थवादी नहीं हैं। वे मानव मात्र के प्रति गहरी घृणा से परिचालित हो नकारारवाद और हद दर्जे के निराशावाद से लिखते हैं। उनकी पुस्तक 'मैं तुम्हें यह थोक में दिला सकता हूं' यहूदी-विरोध और मजदूर वर्ग के प्रति गहरी घृणा से भरी है। उसमें खींची न्यूयार्क के पोशाक उद्योग की तस्वीर सच्चाई से कोसों दूर है।

इसी तरह का सतही 'यथार्थवाद' बड्ड शल वर्ग की 'सेमी क्यों दौड़ा' और 'जितनी जोर से वे गिरें' नामक पुस्तकों में मिलता है। दोनों में से किसी में भी लेखक ने अपने विषय की सच्चाई को जानने या परखने की वास्तविक कोशिश नहीं की है। पहली पुस्तक में वीडमान की तरह उन्होंने भी यहूदी-विरोध का घिसापिटा रास्ता अपनाया। लेकिन वे कहीं आंशिक रूप में भी हालीवुड की उन सामाजिक तथा आर्थिक शक्तियों को नहीं

पकड़ पाए जिनका अच्छा चित्रण एफ. स्काट फिजेराल्ड की अपूर्ण पुस्तक 'अंतिम उद्योगपति' में किया गया है। फिजेराल्ड ने इन शक्तियां के चित्रण में शलबर्ग जैसी किसी तिकड़म का सहारा नहीं लिया। उनकी प्रक्रिया दमन की नहीं प्रगति की थी और अपनी पिछली रचनाओं से आगे बढ़कर उन्होंने विकास किया तथा स्वयं में परिवर्तन किया। यहूदी का चित्रण चालू परिपाटी पर नहीं, एक मानव के रूप में किया। अपने दूसरे उपन्यास में शलबर्ग ने लड़ाई के बारे में लिखा। लेकिन फिर वह सतह पर ही रह गया और केवल सरल और स्पष्ट को ही पकड़ सका। वह इस तथ्य को नहीं समझ सका कि पूंजीवाद की किसी भी अभिव्यक्ति में ऐसी मूल शक्तियां और उनके द्वंद्व शामिल हैं जो सभी मनुष्यों को प्रभावित करती हैं।

यहां यह कहना जरूरी है कि जहां भी रूप या तकनीक या शैली आदि खालीपन को ढंकने के मुलम्मे के तौर पर तथा कथ्य और समझ के विकल्प के तौर पर इस्तेमाल हुआ है, वहां रूप स्वयं विघटित हो जाता है। इर्विन शॉ के लेखन में इस बात को स्पष्ट रूप मे देखा जा सकता है। इर्विन एक ऐसा लेखक है जिसने लंबे समय तक काफी मात्रा में लिखा और जिसने कभी भी यथार्थ को समझ न पाने में एक रिकार्ड कायम किया। सचाई और ईमानदारी के नाटक 'मृतकों को दफन कर दो' से शुरू करके 'ब्रेमन का नाविक' कहानी तक पाशविक खतरे और फासीवादी यथार्थ का सामना करते हुए भी शॉ ने खोज की कि खालीपन में उसके सतर्क कान और उसकी शैलीगत ताकत बहुत काम देते हैं। उसकी कलम से कितनी कहानियां, कितने नाटक और अंत में युद्ध पर एक बड़ा उपन्यास लिखे गए। लेकिन कथ्य जितना ही अधिक खोखला होता गया उतनी ही तेजी से शैली का कवच भी टूट गया। आम जनता के बारे में किसी गहरी समझदारी से न लिखने के कारण शॉ के लिए वास्तविक लोगों की बातचीत उनकी आशाओं और डर को ग्रहण कर सकना अधिकाधिक कठिन होता गया। यह बहुत ही दुखदायी और शर्मनाक बात है क्योंकि शॉ के पास महान प्रतिभा, अनुभूति सक्षम संवेदनशीलता है, जिसकी चर्चा अल्बर्ट माल्ज ने की है। केवल यही नहीं, बल्कि अगर शॉ ने अपनी दुनिया के यथार्थ को नहीं पकड़ा तो वे भी उसी बांझ रास्ते पर चलेंगे जिस पर स्टेनबैक चल रहे हैं।

कथ्य और शैली की एकता का मसला यथार्थवाद का सबसे मुश्किल पक्ष है। इसमें विकृतिकरण की काफी संभावना है क्योंकि यह कहना सही नहीं है कि कथ्य खुद-ब-खुद अपनी शैली और मुहैय्या कर देगा। वैसे इर्विन

शॉ भाषा के मर्मज्ञ हैं। लेकिन तकनीकी कुशलता कला नहीं है और केवल उससे अच्छी रचना का निर्माण नहीं हो सकता। यह उतना ही सच है जैसे यह कि तकनीकी कुशलता के बिना अच्छा लेखन संभव नहीं है। यह भी सच है कि समझ की तरह तकनीक के भी अनेक स्तर होते हैं। दोनों के श्रेष्ठ सम्मिश्रण को प्रतिभा कहा जाएगा।

मार्क्सवादी रूप को अस्वीकार नहीं करते क्योंकि उसका अर्थ होगा कला का ही अस्वीकार। हम केवल कथ्य के विरोध में रूप को खड़ा करने, रूप का आदर्शीकरण करने, नासमझी से उसकी पूजा करने तथा रूपवादी संप्रदाय का निर्माण करने का विरोध करते हैं। और इन सबको हम पूर्णतया और साफ तौर पर अस्वीकार करते हैं। हमारी मान्यता है कि कथ्य से अलग रूप की कोई वैधता नहीं हो सकती जैसे मनुष्य के अंतर के बिना मनुष्य की त्वचा जिंदा रहकर सांस नहीं ले सकती।

पूंजीवादी साहित्य ने हमेशा रूप से अलग अस्तित्व के विचार को सम्मान दिया है। पूंजीवादी साहित्य प्रारंभ से ही रूप को कथ्य से अलग मानने की दिशा में बढ़ा है। अगर ऐसा नहीं होता तो पिछले दो सौ वर्षों के बीच पूंजीवादी साहित्य ह्रास की अवस्थाओं से न गुजरता। जिन सचेत लेखकों ने यथास्थिति से बाहर आकर अपने समय के यथार्थ को पकड़ा, केवल वे ही इस ह्रास से लड़ सके और उससे उबर सके। पूंजीवादी कला तथा साहित्य में शास्त्रीयता की संपूर्ण अवधारणा और परंपरा उसके लगातार रूपवाद की ओर बढ़ने का प्रमाण है। इसमें उसे हमेशा शासक वर्ग से प्रेरणा और सहायता मिली है। इस तथ्य से कि कितने ही शास्त्रीयता—विरोधी आंदोलनों की परिणति रूपवाद में हुई, इस सचाई को नकारा नहीं जा सकता। आज के 'यथार्थवादी स्कूल' की शुरूआत दूसरे दशक में रूपवाद के विरुद्ध विद्रोह से हुई। उसका इतने व्यापक तौर पर रूपवादी होना इस बात का प्रमाण है कि प्रतिक्रियावाद का दबाव काफी अधिक है। फिर भी यह तो स्वीकार करना ही होगा कि पिछले दस वर्षों में अंग्रेजी और अमरीकी साहित्य का जितना तीव्र पतन हुआ है उतना इतिहास में पहले कभी नहीं हुआ।

यह बचकानी कल्पना होगी कि प्रतिक्रियावादियों का कोई सांस्कृतिक मंत्रिमंडल रूपवाद की प्रवृत्तियों के बारे में बैठकर निर्णय लेता है। या यह कल्पना कि प्रतिक्रियावादियों की बड़ी संख्या रूपवाद की समस्याओं को समझती ही होगी। रूपवाद का स्वागत करने तथा यथार्थवाद से घृणा करने के लिए ऐसी किसी समझदारी की जरूरत नहीं है। स्वयं जिंदगी ही उसके लिए पर्याप्त शक्ति और समझदारी जुटा देती है। एक बार जब

पूंजीपति सत्ता में आ गए तो रूपवाद उनके लिए खतरा नहीं रहा। लेकिन उनके सत्ता में आने से एक ऐसे सर्वहारा वर्ग का निर्माण हो गया जो उनका विनाश कर देगा, इसलिए यथार्थवाद उनके लिए खतरनाक बन गया जैसे-जैसे समाजवाद की शक्तियां बढ़ती है वैसे-वैसे यथार्थवाद का खतरा गंभीर होता जाता है। इसलिए उस पर प्रतिबंध लगाना भी जरूरी हो जाता है। रूपवाद, चाहे 'नई कविता' में हो या सबसे अधिक बिकने वाली नई पुस्तकों में या हालीवुड की फिलमों में, वह गति को धीमा करने का काम करता है। रूपवाद, लगातार जिंदगी से दूर जाता है, जनता के प्रतिरोध को कम करता है, उसे हमेशा उलझाता है, और कला को नष्ट करके सचाई की प्रवृत्ति को जानने के जनता के प्रयासों के प्रमुख हथियार को नष्ट करता है। फासीवाद के भाप की सांस छोड़ने वाले कला के बंद पोखर के बारे में राबर्ट हिलयेर के आश्चर्य का यह जवाब है।

यथार्थवाद केवल साहित्यिक गतिविधि का ही मामला नहीं है। अगर ऐसा ही होता तो कलाकार और नागरिक दो अलग-अलग दायरों में रहते और तब यथार्थवाद का पूरा सवाल एकदम बेतुका बन जाता। कलाकार थोरो की नागरिक थोरो से अलग कल्पना नहीं की जा सकती क्योंकि एक दूसरे का समीकरण है। ब्रियंट, एमर्सन, हिटमैन, लंडन, युवा सिंक्लेयर, फ्रेंक नौरिस, वाचेल लिंडसे आदि के बारे में भी यही कहा जा सकता है। रूपवाद की प्रकृति ही ऐसी है कि वह निश्चित तौर पर कलाकार को नागरिक से अलग करता है। नागरिक के नैतिक या शारीरिक समर्पण से दूसरे की मौत भी अनिवार्य है।

कोई भी तीसरे दशक के एरास्किन काडवैल के बारे में गर्व से बात कर सकता है। अपनी कुछ खामियों के बावजूद 'ईश्वर का छोटा रकबा' एक अद्भुत पुस्तक है। काडवैल सर्वहारा के संघर्ष में पूर्णतया शरीक थे। प्रगतिशील आंदोलन से अलग रहकर ऐसी पुस्तक लिखना संभव नहीं था। यहां कलाकार और नागरिक में एकता थी और दोनों को ही यथार्थवाद की पकड़ थी जिसके कारण वस्तु और रूप का सुंदर सम्मिश्रण हुआ। लगभग उसी समय काडवैल ने हमारे साहित्य की सबसे प्रभावशाली कहानी 'कैंडीमैन बीचम' लिखी। यह एक नीग्रो मजदूर की कहानी है जो साप्ताहिक वेतन पाकर अपनी प्रेमिका के साथ मस्ती और दो-एक पैग शराब के लिए दक्षिण के एक शहर में आता है। काडवैल बहुत ही खूबी से इस आदमी की ओजस्विता और जीवन की खुशियों का बयान करते हैं। वह शहर में आता है, शराब का एक पैग खरीदता है और फिर बिना किसी कारण के शहर का मार्शल उसे गोली मार देता है। जब कैंडीमैन बीचम

फर्श पर पड़ा भयानक और बेमौत मौत मर रहा है तो उसके अंदर से जीवन की शक्ति अंतिम विजय के विश्वास से छनकर बाहर आ जाती है। अपने लोगों की बढ़ती शक्ति से एकात्मकता, आशाहीनता में भी आशा। यह यथार्थवाद का सचेतन और प्रतिभाशाली इस्तेमाल है। बिना किसी उपदेशात्मकता या रूढ़ि के यहां चंद पंक्तियों में ही नीग्रो के दमन के इर्द-गिर्द कॉडवैल एक महान प्रतिभा के लेखक बने रहे और उन्होंने शैली और रूप की महानतम ऊंचाइयां छूईं। आज सहज प्रसन्न हो जाने वाले पूंजीवादी आलोचक उसकी शैली तथा रूप की प्रशंसा करते नहीं थकते। ऐसा नहीं है कि कॉडवैल की लेखन क्षमता खत्म हो गई है। असल में, यथार्थ से उनका संपर्क छूट गया है। अगर वे खाली कनस्तर पीटने की बजाय महत्वपूर्ण लेखन करना चाहते हैं तो आज के नए यथार्थ को पकड़ना होगा।

यथार्थवाद और सतही यथार्थवाद के बीच एक मुख्य अंतर यह है कि जहां पहला संघर्ष का परिणाम है वहां दूसरा संघर्ष से पलायन का। अच्छे से अच्छे काल में भी सच्चाई कोई पके फल की तरह झूलती चीज नहीं है कि किसी के भी द्वारा तोड़े जाने का इंतजार करे। सचाई के लिए हर समाज में हमेशा संघर्ष करना होता है। केवल संघर्ष के रूप बदल सकते हैं। आज एक लेखक को सही अर्थों में यथार्थ से हाथापाई करनी होगी। क्योंकि जो बुर्जुआ यथार्थवाद कुछ दिन पहले संभव था अब वह अत्यधिक सीमित होता जा रहा है। समाजवादी यथार्थवाद की एक नई साहित्यिक शक्ति आज विश्व में अस्तित्वमान है। इसका अवश्यंभावी परिणाम होगा एक ऐसा नया साहित्य जो एक नई विश्वदृष्टि से पैदा होगा तथा नए मान दंडों से जांचा जाएगा।

अभी समाजवादी यथार्थवाद प्रारंभिक दौर में है। और सभी चीजों की तरह पैदा होने की प्रक्रिया में इस नए पौधे का एक छोटा सा अंकुर ही दीख रहा है। लेकिन फिर भी उसका परीक्षण जरूरी है क्योंकि इस बीज में आने वाले कल का विशाल वृक्ष छिपा है।

ग्यारह

जैसे ही नया युग आता है यथार्थवाद की सीमाएं फैलती हैं। न केवल जिंदगी स्वयं समृद्ध और व्यापक हो जाती है बल्कि साहित्य भी हर तरह से अपने को गहराता और फैलाता है। लेकिन अतीत के हर युग में गहराई और व्यापकता की यह प्रक्रिया उन विशेष समाजों की सीमाओं से

प्रतिबंधित रही। अतीत में जिन आर्थिक जंजीरों ने मनुष्य को बांधा हुआ था (और कितनों को आज भी बांधा हुआ है) उन्होंने ही उनके साहित्यिक उत्पादन को भी बांधा।

केवल कुछेक सरल उदाहरणों से यह बात स्पष्ट हो जाएगी। जब तक मनुष्य की भोजन की तलाश उस बिंदु पर नहीं पहुंच गई जहां कुछ अतिरिक्त बचा रहे, जहां वर्ग बनाए जा सकें, जहां दूसरों की मेहनत पर कुछ लोग आराम कर सकें, तब तक अक्षर की रचना संभव नहीं थी। इसलिए कोई लिखित साहित्य भी संभव नहीं था। हम देखते हैं कि आर्थिक और राजनीतिक विकास के साथ साहित्यिक रूपों का जन्म हुआ। रंगशाला के अस्तित्व में आने के लिए एक ऊंचे स्तर के समाज का अस्तित्व में आना जरूरी था क्योंकि यह एक ऐसा जटिल साहित्य रूप था जो पूर्व के सरल समाजों की बजाय अधिक जटिल सामाजिक संरचना पर निर्भर करता था। उपन्यास को तो पूंजीवाद का इंतजार करना पड़ा क्योंकि इसके लिए आवश्यक साधन और कोई व्यवस्था मुहैया नहीं कर सकती थी। इसके लिए आवश्यक था बड़ी संख्या में पुस्तकें छापने वाली छपाई मशीनें, उसे पढ़ने वाले हजारों की संख्या में शिक्षित लोग, मनुष्य के स्वतंत्र, आत्मनिर्भर और विश्व का स्वामी होने की संपूर्ण धारणा, जो कि उसका नायक बन सके।

इसलिए कलाकार का अस्तित्व कभी भी समाज की सीमाओं से अलग नहीं रहा। होमर की संपूर्ण प्रतिभा नाटक का रूप नहीं ले सकती थी क्योंकि वे ऐसे समय में थे जब रंगशाला संभव नहीं थी। उनका सोच, उनकी विश्वदृष्टि, यथार्थ की प्रकृति को समझने के उनके साधन उनके समय की सीमाओं में जकड़े थे। वे उड़ तो सकते थे लेकिन इस सीमा के पार नहीं।

बुर्जुआ और समाजवादी यथार्थवाद में मूल अंतर भी इसी कारण है। एक कठोर सीमाओं में आबद्ध है और दूसरा अनंत संभावनापूर्ण। और पुनः इस बात को दुहराना आवश्यक है कि यह पार्टी या राजनीतिक प्रतिबद्धता का मामला नहीं है बल्कि व्यापक अर्थ में दृष्टिकोण और प्रत्यक्ष ज्ञान का है।

'एक अमरीकी त्रासदी' में ड्रेजर ने अमरीका के दूसरे दशक में मध्यवर्गीय जीवन और नैतिकता का विश्लेषण किया था। इस पुस्तक को उन्होंने अपार धैर्य से लिखा, जो कि उनकी रचनाओं की विशेषता है। एक सतर्क निगाह से विस्तृत वर्णन किया जो अन्य किसी अमरीकी लेखक में नहीं मिलेगा। इसमें जनता के प्रति गहरा निष्ठापूर्ण प्यार और उनकी

कमजोरियों के प्रति सहानुभूति भी स्पष्ट है। लेकिन इन सारे गुणों के बावजूद ड्रेजर अपने मूल आदर्शवादी दृष्टिकोण के बंधनों से मुक्त नहीं हो सके। उन्होंने मध्य वर्ग का चित्रण किया, उनकी पड़ताल की, उनकी आत्मा को ढकने वाली धन लोलुपता की क्षुद्र परतों को भी उन्होंने खोला, उनके जीवन की परेशानियों के कारणों को भी बताया। लेकिन वह उन्हें ऐतिहासिक रूप में चित्रित नहीं कर पाए, उन्हें एक वर्ग के रूप में स्थापित नहीं कर सके, वे अतीत और भविष्य के व्यापक सत्य को अपने समकालीन यथार्थ से जोड़ने में असमर्थ रहे। और इस तरह उनकी रचना सीमाबद्ध रही।

लेकिन इससे उनकी महिमा कम होने की बजाय बढ़ती ही है। वर्ग समाज में सभी महान कलाकारों को प्रोमेथ्यूअस से जोड़ा जा सकता है। बंधनों के बावजूद उन्होंने संघर्ष किया और विषयासक्ति में बांधने वाली सीमाओं के विरुद्ध अपनी प्रतिभा का उपयोग किया। स्पार्टकस का अनुगमन करने वाले स्वतंत्रता के भूखे दासों की तरह बार-बार उन्होंने अपने समय की संकरी सीमाओं को तोड़ा। लेकिन बार-बार उन्होंने यही पाया कि जिस भविष्य का सपना उन्होंने देखा वह अभी परिभाषित नहीं है।

लेकिन आज वह भविष्य अस्तित्वमान है और समाजवादी यथार्थवाद की शुरूआत को देखा जा सकता है। हर शुरूआत की तरह उनकी संख्या अभी कम है और अभी ठीक से संगठित भी नहीं है। इस वजन को उठाने के लिए पुराना वाहन मौजूं नहीं है। लेकिन क्योंकि अभी दूसरा कुछ नहीं है। इसलिए पुराने वाहन का उपयोग करने की लाचारी है।

आज जो लेखक समाजवादी यथार्थवाद को अपनाते हैं, वे दुनिया को उसके परिवर्तन की संपूर्ण प्रक्रिया में देखते हैं। मानव आज वर्ग समाज की ही उपज नहीं है, वह समाजवादी समाज की भी उपज है। भूत, वर्तमान और भविष्य केवल एक दुनिया में ही उपस्थित नहीं है, वह एक राष्ट्र में भी उपस्थित है। देश और काल का अंतःसंबंध संपूर्ण जीवन को क्रिया-प्रतिक्रिया की इकाई में बांध लेता है। इसका कोई अपवाद नहीं है और इसकी कोई यांत्रिक परिभाषाएं नहीं हैं। सर्वहारा साहित्य केवल सर्वहारा को ही विषय-वस्तु के रूप में नहीं चुनता (जैसा कि तीसरे दशक में कुछ संकार्णतावादियों ने प्रस्तावित किया था), बल्कि सर्वहारा विश्वदृष्टि तो सारी दुनिया और उसके संपूर्ण अनुभव को अपने साहित्य की सामग्री मानती है।

लेखन की सामग्री मानती है कि कोई बंधन नहीं। समाजवादी यथार्थवाद नए मानदंडों का इस्तेमाल करता है और ये नए मानदंड नई नैतिकता से

बनाए गए हैं। वह आदमी को बेहतर जिंदगी की ओर बढ़ाता है, मानव के दुख कम करता है। और तमाम दुखों से मुक्ति की कामना करता है। वह डर असुरक्षा, निर्दयता, जनहत्या, भूख, रोग, शोषण से मुक्ति चाहता है। लेकिन इन चीज़ों को समाप्त करने की आकांक्षा से जो नया नीतिशास्त्र पैदा होता है वह कोई आदर्शवादी, मानवतावादी शुभाशंसा नहीं है बल्कि कार्रवाई के लिए एक व्यावहारिक नक्शा है। मानवता का उद्धार किसी अन्य दुनिया में नहीं बल्कि इसी दुनिया में होगा।

इन चीजों से संपूर्ण अस्तित्व की पुनर्परीक्षा की जाती है। संपूर्ण अतीत इतिहास का पुर्नमूल्यांकन और पुर्नपरीक्षण होना चाहिए। पुरानी पद्धति को, जिसमें कसाइयों से नायक बनाए जाते थे, मूर्खों से संत, दलालों से पूज्य, कायर वर्ग-चाकरों से दार्शनिक, आज बार-बार ध्वस्त करने की जरूरत है। जिस अंधराष्ट्रीयता से हमारी संपूर्ण संस्कृति सराबोर है उसका अवश्य ही पर्दाफाश होना चाहिए। यह मनुष्य द्वारा मनुष्य के शोषण का विचारधारात्मक हथियार है।

एक नए प्रकार के मानवतावाद के आधार पर नए मानदंड विकसित किए जाने चाहिएं। मैक्सिम गोर्की के गुंजायमान शब्दों में :

> क्रांतिकारी सर्वहारा का मानवतावाद सीधा-सादा है। वे मानवता के प्रति प्यार के सुंदर शब्दों का वाग्जाल नहीं रचते। इसका लक्ष्य है सारी दुनिया के सर्वहारा को पूंजीवाद के शर्मनाक, खूनी पागल जुए से मुक्त करना और मनुष्य को यह सिखाना कि वे स्वयं को खरीदा-बेचा जाने वाला माल या विषयासक्त लोगों की ऐय्यासी के लिए कच्चा माल न समझें। पूंजीवाद दुनिया पर उसी तरह अतिचार करता है जैसे कोई असमर्थ बूढ़ा आदमी किसी युवा स्वस्थ औरत पर अतिचार करे और बदले में गर्भाधान नहीं बुढ़ापे की बीमारियां दे। सर्वहारा मानवतावाद प्यार की गीतमय घोषणाओं की मांग नहीं करता, वह प्रत्येक मजदूर से अपने ऐतिहासिक दायित्व के प्रति चेतना चाहता है और सत्ता पर उसका हक चाहता है···विषय लोलुपों, परजीवियों, फासिस्टों, हत्यारों, सर्वहारा वर्ग के दगाबाजों के प्रति तीव्र घृणा चाहता है। वह उन लोगों के प्रति घृणा चाहता है जो दुख का कारण हैं और जो हजारों-लाखों लोगों के दुख पर पनपे हैं।[20]

नए मानदंडों की यह एक कसौटी है जिसे उन लेखकों को अपनाना चाहिए जो आज की दुनिया में यथार्थवाद अपनाएंगे।

बारह

साहित्य के वर्गाधार को नकारना बिल्कुल बेतुकी बात है। लेकिन आज अमरीका के अधिकांश आलोचक यही कर रहे हैं। इसे समझना मुश्किल नहीं है। जब हम देखते हैं कि आज अमरीकी प्रतिक्रियावाद के मुख्य प्रचार की दिशा आमतौर पर समाज के वर्गीय आधार को, और खासतौर पर अमरीकी समाज में मजदूर वर्ग के अस्तित्व को नकारने की है। अपनी इस ऊलजलूल दुनिया में हमारे आलोचकों ने कभी भी स्वतंत्र विचारों को नहीं अपनाया। आज अगर वे ऐसा करें तो यह आश्चर्य की बात होगी।

अमरीका का आलोचना-साहित्य इसे स्वीकार करे या न करे लेकिन अमरीकी साहित्य वर्ग साहित्य है। अमरीकी साहित्य के संपूर्ण इतिहास में मैं केवल दो ऐसे महत्वपूर्ण लेखकों को जानता हूं जो सर्वहारा वर्ग से आए। और ये दोनों भी प्रयासों और महत्वाकांक्षाओं का चमत्कार हैं। कुल मिलाकर औसत अमरीकी लेखक मध्य वर्ग या निम्न मध्य वर्ग से आता है और अपने वर्ग और संस्कृति से नियंत्रित हैं। और उसकी अपनी रचना की अर्थनीति का वह समाज के उसी हिस्से के लिए निर्माण करता है, जिससे वह आया है। अगर उन कुछ अपवादों को छोड़ दें जो सचेत रूप से सर्वहारा वर्ग में शामिल हो गए, तो ये तथ्य इतने स्पष्ट हैं कि उन्हें दुहराना बचकानापन होगा। लेकिन यह बात चाहे जितनी स्पष्ट हो, उसे पूरी तरह अस्वीकार किया जाता है। और इस अस्वीकार के कारण यथार्थवाद का सारा मामला धुंधला और उलझाव भरा बन जाता है।

इसे स्पष्ट करने के लिए ब्रिटिश प्रकाशन 'द मॉडर्न क्वार्टरली' में प्रो. जे. डी. बर्नाल के लेख से उद्धरण देना चाहूंगा। प्रो. बर्नाल लिखते हैं :

> यह एक घिसीपिटी बात है कि विज्ञान आंतरिक-राजनीतिक रूप से निरपेक्ष है कि तथ्य तो तथ्य हैं और कोई भी किसी उद्देश्य से उनका अन्वेषण करे। लेकिन विज्ञान का इतिहास हमें बताता है कि यह महज विज्ञान की विस्तृत कार्यनीति में ही सच है। तथ्यों के बीच का अंतःसंबंध, उनका महत्व और प्रवृति को नियंत्रित करने के लिए उनका संभावित उपयोग विज्ञान के सिद्धांतों पर निर्भर करता है। ये प्रायः पूर्ववर्ती युग की दार्शनिक और धार्मिक परंपराओं से सामग्री लेकर मौजूदा आर्थिक तथा राजनीतिक स्थिति की संगति में अचेतन रूप से ढल जाते हैं। स्वयं वैज्ञानिक या तो शासक वर्गों से आते हैं

> या शिक्षा प्राप्त करके उन्हीं में शामिल कर लिए जाते हैं। आज भी इंग्लैंड में प्रमुख शोधकर्ताओं का केवल छोटा-सा हिस्सा ही मजदूर परिवारों से आता है। जबकि महादेश और क्रांति पर्व के रूप में विज्ञान और संस्कृति से लैस बुद्धिजीवियों का एक ऐसा बंद वर्ग था जो अपने आसपास के लोगों और उनके जीवन से पूरी तरह कटा हुआ था।

यह जितना विज्ञान के बारे में सच है, उतना ही साहित्य के बारे में भी। और अगर इंग्लैंड की तुलना में अमरीका में स्थिति कुछ अधिक उदार है तो भी बर्नाल के निष्कर्षों पर इससे बहुत अंतर नहीं पड़ता। यथार्थ का रास्ता खुला हुआ या आकर्षक, ठीक से रेखांकित और जगमग राजमार्ग नहीं है। यह मन के लिए एक नया सीमांत है—एक ऐसा रोमांचक और चमत्कारपर्ण सीमांत, जैसा पहले दुनिया ने कभी नहीं जाना था। मगर साथ ही यह एक ऐसा सीमांत है जिसके बीच से संघर्ष करके लेखक को अपना रास्ता बनाना होगा। ऐसा वह दृढ़ साहस और विश्वास से ही कर सकता है।

तेरह

इस साहस और दृढ़ विश्वास का एक अच्छा उदाहरण है वेल्स का युवा लेखक ग्विन थॉमस। महान प्रतिभा और भाषा की गीतात्मकता से लैस यह लेखक इन गुणों को द्वंद्वात्मक-भौतिकवादी की समृद्ध विश्वदृष्टि के तहत इस्तेमाल करता है। अपनी 'अंधेरे दार्शनिक' और 'कामदेवी और मतदाता' नामक पहली दोनों पस्तकों में उसने तीसरे दशक में वेल्स के कोयला खान मजदूरों की जिंदगी का चित्रण किया है। सर्वहारा के बारे में प्रयोगात्मक और खोजपूर्ण ढंग में लिखते हुए वह इस विषय को पूंजीवादी संस्कृति के लौह प्रतिबंधों से मुक्त करने में सफल हुआ। अपनी तीसरी पुस्तक 'हवा में उड़ते पत्ते' के रूप में उसने आधुनिक पश्चिमी साहित्य में समाजवादी यथार्थवाद की सर्वोत्तम रचना दी है। अपनी बहुत सी संरचनात्मक कमजोरियों और खामियों के बावजूद 'हवा में उड़ते पत्ते' समझ और ऐतिहासिक परिप्रेक्ष्य के मामले में इतनी आगे बढ़ी हुई यथार्थवादी रचना है कि उसकी खूबियां उसकी कमजोरियों पर भारी पड़ती हैं। इसका आंतरिक सत्य एक प्यारे गीत की गूंज जैसा है।

'हवा में उड़ते पत्ते' 1830 में वेल्स के लोहा ढालने वाले मजदूर के पहले स्वतःस्फूर्त संघर्षों की कहानी है। यह कथा एलन ली नाम के वीणा-

वादक और घुमक्कड़ द्वारा 'मैं' शैली में कही गई कहानी है जो अपने मित्र जॉन साइमन आदम को अपने साथ लेने मूनलिया शहर आता है। लेकिन उसने पाया कि उसके मित्र की जड़ें शहर में काफी गहरी चली गई हैं। वेल्स में सर्वहारा वर्ग नाम की एक-एक नई चीज पैदा हो गई है। यह वर्ग न तो अपने को जानता है और न यही जानता है कि वह क्यों है। लेकिन उसने जॉन साइमन आदम को अपने बीच अपने एक नेता के रूप में मिला लिया है। रोज वीणावादक ली प्रण करता है कि वह अब फिर से घूमने निकल पड़ेगा लेकिन रोज वह अपने को मूनलिया की गंदी, प्रेरणाशून्य और बेमतलब जिंदगी में जकड़ा हुआ पाता है। अनजाने में ही वह शहर के वर्ग संघर्ष में शामिल हो जाता है। और जब सारी घाटी हिंसक विद्रोह की आग में जल उठती है तो ली अपने को धारा के बीच फंसा पाता है और उसी के साथ हो जाता है। जब उसका मित्र आदम लोहा मालिकों द्वारा मार दिया जाता है तो संघर्ष की जिम्मेदारी वीणावादक के कंधों पर आ पड़ती है। उसके बाद से वह नए गीत गाएगा और नई जिदगी जिएगा।

यह ग्विन थॉमस की समृद्ध तथा गीतात्मक कथा की रूपरेखा मात्र है। लेकिन कहानी के कथानक से अधिक महत्वपूर्ण है लेखक की गहरी और खोजपूर्ण दृष्टि। उसकी सामग्री में ऐसी शुरुआत मौजूद है जो किसी दिन दुनिया को एक सुंदर बगीचे में बदल देगी। लेकिन यह शुरुआत अपनी परिणति से एक गहरे ऐतिहासिक बोध के रूप में सचेत है। उस निरंतरता के अर्थ में जो बीज को पेड़ से जोड़ती है, लेकिन इस विश्वास के साथ कि बीज ही पेड़ है। सर्वहारा वर्ग की इन प्रथम कार्रवाइयों में समाजवाद की अंतिम विजय का बोध विद्यमान है। जैसे स्वतंत्रता संग्राम में कभी कोई व्यक्ति निरर्थक मौत नहीं मरता वैसे ही इन मजदूरों की हार में भी जीत की स्वीकृति मौजूद है। लेखक इसी समस्या से जूझता है और उससे विलक्षण कौशल और बुद्धिमत्ता से निपटता है।

लेकिन जो चीज विशेष रूप से ग्विन थॉमस की रचना को महत्वपूर्ण बनाती है वह है सुनाई गई विशेष कथा के माध्यम से यथार्थवाद की समस्या की सचेत उपलब्धि। सापेक्षिक रूप से देखें तो उसके चरित्र जिस जमाने में रहे, जब उन्होंने कार्य किया और संघर्ष किया, उस समय पूर्ण सचेतनता उसके चरित्रों का सहज गुण नहीं थी। न लेखक अपने पाठकों में विशेष ऐतिहासिक सचेतनता मानकर ही चल सकता था। एक रचनाकार के तौर पर केवल उसमें यह पूर्ण चेतना थी। और 'पूर्ण चेतना' को भी यहां आत्यंतिक नहीं, सापेक्षिक अर्थ में ही लिया जा सकता है। 1830 में वेल्स के मजदूरों के लिए जो भविष्य अजाना था आज उस भविष्य की कुछ

झलक थॉमस ने देख ली हैं। अगर वह उस समय के मजदूरों के सीमित, अनुभवपरक दृष्टिकोण से अपनी कथा कहे तो वह यथाथ नहीं होगी। अगर यथार्थ वस्तुपरक है (जैसा कि भौतिकतावादी मानते हैं) तो वह किसी भी एकल व्यक्तिपरकता की सीमाओं को लांघ जाती है और उस तक संकीर्ण व्यक्तिपरक प्रक्रिया से नहीं पहुंचा जा सकता।

दूसरे शब्दों में कहें तो थॉमस को अपनी चेतना वेल्स के उन मजदूरों की चेतना में जोड़नी पड़ी जिनके बारे में वह लिख रहे थे। एक शास्त्रीय ऐतिहासिक प्रस्तुतिकरण में ऐसा करना एक बात है (हालांकि इतिहास लेखन के क्षेत्र में यह काफी हद तक विरल है) और साहित्यिक अर्थों में कलात्मक रूप में इसे कर पाना एकदम दूसरी। क्योंकि रचनात्मक लेखन का सर्वोच्च सत्य यह मांग करता है कि लेखक की चेतना अपने साहित्यिक चरित्रों में उसका समकक्ष खोज निकाले। दूसरे शब्दों में, 1830 के वेल्स-के मजदूर उस शक्तिशाली सर्वहारा आंदोलन का बीज हैं जो हमारे समय में समाजवाद की स्थापना कर रहा है। इस अर्थ में अपनी नियति की सचेतन उपलब्धि की संभावनाएं उन्हीं में मौजूद हैं। और यही संभावना सत्य का सार बन जाती है। ठीक उसी तरह जिस तरह स्पार्टकस और उसके नेतृत्व में संघर्ष करने वाले दासों का आवश्यक प्राथमिक सच अवश्यं-भाव्यता के विरुद्ध उनके कमजोर विरोध में नही बल्कि उस धागे में है जिसने उसे उस समय भी संपूर्ण मानव जाति की मुक्ति से बांधा।*

इससे एक बड़ी कलात्मक समस्या उठ खड़ी होती है। कला के एक नए स्तर का निर्माण हुआ है, एक इतनी बड़ी चुनौती सामने आई है जो नया रास्ता बनाने वालों के लिए असंभव सा कार्य है। 'हवा में उड़ते पत्ते' की इस बातचीत पर गौर कीजिए। विद्रोह इतने खूंखार तरीके से दबा दिया गया है कि आशा की कोई किरण नहीं बची। मजदूरों के दो नेता बात कर रहे हैं।

कथा सुनानेवाला वीणावादक कहता है :

> किसी को भी इतना कम अवसर नहीं मिलना चाहिए जितना इन्हें मिला। उन्होंने ऐसी चीज पर दांत गड़ाए जो कच्ची और कड़ुवी

---

* क्योंकि अपनी रचना में मैंने स्वयं इस प्रक्रिया का प्रयोग किया है इसलिए यह बताना जरूरी है कि गिडियन जैकसन की पुस्तक 'स्वतन्त्रता की राह' में संपूर्ण सत्य तब तक नहीं है जब तक लेखक उसे अपनी दुखद मत्यृ के रूप में विकसित करता है। इसी कारण से मैंने उसके संघर्षों में जनता की होने वाली मुक्ति को अंतर्निहित बनाने का प्रयास किया है।

> थी। उन्हें इंतजार करना चाहिए था। वे बहुत जल्दबाजी में थे। क्या मौत इतनी मोहक थी जिसने इन लोगों को भरमा लिया। उन्हें इंतजार करना चाहिए था। वे बेहद भोले थे। चालाकी एक लसेदार चीज है। जिन जंजीरों में उन्होंने अपना जीवन दे दिया चालाकी उनमें से कुछ पर जंग लगा सकती थी।[21]

और इस पर उसका साथी उत्तर देता है :

> हम तथ्यों का बयान करते हैं, कभी धीरे तो कभी तेज। अगली बार आवाज धीमी होगी क्योंकि हमारे श्रेष्ठ कंठस्वर मूक हो गए हैं। यह चुप्पी और नर्मी पकेगी। बहा रक्त फिर एकत्र होगा। अपने गंदे दर्दनाक कोनों से समवेत कंठस्वर फिर बाहर निकलेंगे। दुनिया आवाजों से भरी है और ऐसे महान गीत का अभ्यास कर रही है जो पहले कभी सुनाई नहीं पड़ा। हम खुश किस्मत हैं। हमारे कान गीतों की आवाज से भरे हैं। चुप्पी हम लोगों के लिए स्थाई नहीं होगी।[22]

यह स्पष्ट है कि उपर्युक्त बातचीत तथ्य नहीं है। यह असंभव है कि 19वीं शती के प्रारंभ में वेल्स के लोहा मजदूरों के दो नेता इन शब्दों में बात कर सकते। लेकिन इन शब्दों में एक ऐसी गहरी सच्चाई है जो उनके संवादों की प्राकृतिक वस्तु को ज्यूं-का-त्यूं प्रस्तुत करने से उद्घाटित नहीं हो सकती थी। इस रूप में उनके ये संवाद उन्हें अंदर-बाहर से पूर्ण रूपेण उद्घाटित कर देते हैं और भूत, वर्तमान और भविष्य को जीवन की उस ठोस धारा से जोड़ देते हैं जिसमें वे स्वयं बहे। उनके विचार ही उनके शब्दों में नहीं ढले हैं बल्कि उनके कर्मों में व्यक्त नियति भी उनकी भाषा में प्रतिबंबित हुई है। यहां यथार्थ की खोज में कवि और उपन्यासकार दोनों एक हो गए हैं।

प्रक्रिया के रूप में यह कोई नई चीज नहीं है। शेक्सपियर से बेहतर कौन इस बात को जानता था कि सत्य प्रकट और यथार्थ तथ्य से परे होता है! कोई व्यक्ति ठीक उस तरह कभी न तो बोला होगा या बोल सकता था (न रहा होगा या रह सकता था), जिस तरह से शेक्सपियर के नाटकों के चरित्र बोलते हैं। लेकिन फिर भी वे आज के किसी भी लेखक के चरित्रों से अधिक स्पष्ट रूप में उभरते हैं, अधिक मानवीय हैं, अधिक सत्य हैं। और यही कारण है कि यथातथ्यता अक्सर न केवल असत्य होती है बल्कि प्राय: यथातथ्य भी नहीं होती। कलाकार का वजूद (अपने अस्तित्व में और सभ्यता की जरूरत में) यथातथ्यता की सच्चाई को अस्वीकार करता है।

हालांकि सत्य को पाने का कोई एक रास्ता नहीं है। थॉमस के लिए अपनी जन्मभूमि की वास्तविकता और दंतकथाएं हैं तो यहां अमरीका में युवा लेखक भिन्न सामग्री का भिन्न रूप में इस्तेमाल करेंगे। विषयवस्तु के गहरे सत्य तक यांत्रिक रूप में नहीं पहुंचा जा सकता और न ही रहस्यात्मक तरीके से। यह रास्ता उपलब्ध सामग्री की समझ से बनता है। उस पर किसी भी प्रकार की काव्यात्मक लय लादने का अर्थ होगा रूपवाद में पहुंच जाना। हमारे युवा अमरीकी उपन्यासकारों में सबसे होनहार अलक्जैंडर सैक्स्टन की हाल ही में प्रकाशित एक बेहद अच्छी पुस्तक इस विषय का अच्छा उदाहरण है। उन्होंने उस धागे से यह कपड़ा बुना है जो स्वयं उनके और उनके पाठकों के लिए निहायत जाना-पहचाना देशी है। यहां समाजवादी यथार्थवाद का सचेत प्रयोग है, लेकिन परंपरा मार्क ट्वेन और थ्योडोर ड्रेजर की है। उसमें वेल्स के लोकगीत और लोकाचार की जगह अमरीकी जबान के रोजमर्रा के प्रयोग हैं।

सैक्स्टन 'महान मध्य देश'[23] में शिकागो के रेल मजदूरों की कथा कहते हैं। इसका समय 1912 से 1941 के बीच का है तथा क्षेत्र किसी पश्चिमी रेलमार्ग का शिकागो यार्ड है। उसकी विषयवस्तु तीन परिवार हैं जो सर्वहारा वर्ग के हैं। इनमें से ही दो परिवारों से उसके नायक डेव स्पास और स्टेफनी कोवियाक आए हैं। स्पास नीदरलैंडवासी और कोवियाक पोलैंड वासी हैं। मैक एडम्स का तीसरा परिवार नीग्रो है। तीनों परिवारों की दो पीढ़ियों के उदय, विकास और ह्रास का चित्रण किया गया है। इस पृष्ठभूमि की सारी जटिलता के साथ लेखक ने रेलवे मजदूर डेव स्पास के साहसिक कारनामों की कहानी कही है। स्पास पहले कभी जहाजी, लिंकन बटालियन का पुराना सिपाही तथा पर्लहार्बर से तीन वर्ष पहले कम्युनिस्ट संगठनकर्ता रह चुका है।

पुस्तक के पहले भाग में तीनों परिवारों की कथा और डेव स्पास द्वारा रेल मजदूरों की एक जुटता के संघर्षों की तीन वर्ष की कहानी को बहुत ही सुंदर तरीके से पिरोया है। इससे तीसरे दशक में शिकागो रेलमार्ग मजदूरों का एक समृद्ध और व्यापक चित्र उभरता है।

कथानक, चरित्रों और दृश्यों की जटिलता कहानी की सहज बोधगम्यता में बाधा डालती है। और कथा की बड़ी खामी भी यही है। वस्तु की अनंत नई और उत्तेजक समस्याओं से जूझते हुए सैक्स्टन रूप को नहीं संभाल पाते। लेकिन फिर भी यह अवश्य कहा जा सकता है कि उसने पहली बार हमारे साहित्य में एक परिपक्व और विश्वसनीय कम्युनिस्ट नायक की सृष्टि की है। हालांकि कम्युनिस्ट नायक की रचना आधुनिक

साहित्य की केंद्रीय समस्या है लेकिन जिसने भी आज अमरीका में उपन्यास में कम्युनिस्ट को चित्रित करने का प्रयास किया है वही इससे जुड़ी समस्याओं को समझ सकता है। दूसरे दशक में जब सर्वहारा उपन्यासों की शुरुआत हुई तो प्रगतिशील लेखक को कम्युनिस्ट चरित्र निर्माण में जो सबसे बड़ी बाधा आई वह थी सामान्य और विशिष्ट के, अविश्वसनीय और दुर्दम्य के विचित्र समन्वय की। हालांकि तीसरे दशक में अनेक प्रयास किए गए, लेकिन किसी को अधिक सफलता नहीं मिली। जैकहोम के महत्वोन्माद से स्टेनबैक की 'संदिग्ध लड़ाई' के पारदर्शी झूठ तक परिपक्व चित्रण का उदाहरण कहां है ?

इसके कारणों को समझना कठिन नहीं है। चरित्र के तमाम साहित्यिक वक्तव्यों में पाठकों के व्यक्तिपरक अभिज्ञान पर भरोसा किया जाता है। एक रेखा खींच दी जाती है जिसमें पाठक अपने अनुभवों के अनुसार रंग भरता है। लेकिन आज के अमरीका में कम्युनिस्ट के प्रति लोगों का रवैया सही रंग का नहीं है। इससे अतिरंजना और अतिरिक्त बल की संभावनाएं बढ़ती हैं। अमरीका में कम्युनिस्ट आंदोलन को परिपक्वता, गरिमा तथा एकात्मकता प्राप्त करने के लिए संघर्ष करना होगा। उसके पश्चात ही ये उपादान साहित्य में प्रतिबिंबित हो सकते हैं। केवल लेखक और पाठक को ही नहीं बल्कि नायक को भी नए स्तरों तक उठना होगा और उसे स्तर को बनाए रखना होगा। इसके अलावा, इस तथ्य को ध्यान में रखना होगा कि कम्युनिस्ट ही भविष्य को बनाने वाले प्रथम सचेत निर्माता हैं। साहित्य रचना के लिए कोई नियमावली नहीं है। सैक्स्टन जैसे लेखकों को खुद अपना रास्ता बनाना पड़ा है।

इसलिए हमें उनको उचित सम्मान अवश्य देना चाहिए। सैक्स्टन ने वह काम कर दिखाया जो हमारे साहित्य में इतनी अच्छी तरह इससे पहले कभी नहीं हुआ था। बहुत ही सचेत और स्पष्ट तौर पर उसने आधुनिक जीवन के सर्वोपरि अंतर्विरोध, समाजवाद और पूंजीवाद का अंतर्विरोध, को अपना मूल प्रश्न बनाया। विषय का चुनाव यथार्थवादी दृष्टि और संपूर्ण रचनात्मक कर्म में केंद्रीय महत्व रखता है। अगर लेखकों की एक पूरी पीढ़ी डर और शक्ति के दुहरे दबाव से चुनाव करे और अपना बचाव करने के लिए कम्युनिज्म को एक गंदा शब्द मानकर कम्युनिस्टों के अस्तित्व से ही इंकार करे और उसे भ्रष्ट अमरीकी प्रैस की निगाह से देखे, तो इसका अवश्यंभावी परिणाम होगा रचनात्मक बांझपन को निमंत्रण देना।

चौदह

आज जो लेखक कला की रचना करना चाहता है उसे अनुसंधान के हर क्षेत्र में सच्चाई को खोजना होगा। अनुसंधान के हर क्षेत्र में उसे तात्कालिक क्षण को ऐतिहासिक पूर्णता से जोड़ना होगा। और उसका काम केवल सत्य को दिखाना ही नहीं है बल्कि असत्य को खत्म भी करना है। और जब हम देखते हैं कि हमारे वातावरण के वस्त्र में झूठ के कितने तंतु मिले हैं, तो हमें इस समस्या की व्यापकता का अंदाजा होता।

मैं नहीं कहता कि उसे इन सभी क्षेत्रों में सफलता मिलेगी ही, लेकिन उसे पहल अवश्य करनी चाहिए। क्योंकि वह आज ऐतिहासिक अर्थ में एक ऐसे क्षण में रह रहा है जब वर्गहीन समाज वर्गसमाज का स्थान ले रहा है, तो उसे एक ऐसी कठिन समस्या का सामना करना है जो मानव सभ्यता के सारे साहित्यिक अनुभव में कभी लेखकों के सामने नहीं थी। आज फासीवाद जिस तरह संस्कृति को बदनाम कर रहा है, वैसा पहले कभी नहीं हुआ। और पूंजीवाद के रूपवाद पर अटके रह जाने की जिस प्रवृत्ति की चर्चा मैंने पहले की, वह साम्राज्यवाद के इस अंतिम दौर में और सर्वग्रासी हो जाती है। और क्योंकि यह उसका अंतिम युग है, उसकी समाप्ति का अंतिम क्षण, इसलिए उसका कोई भविष्य नहीं है।

अपनी बात को स्पष्ट करने के लिए मैं जॉन समरविले की 'सोवियत दर्शन' से महत्वपूर्ण उद्धरण देना चाहूंगा। फूहड़ और यांत्रिक अर्थ में साहित्यकार की चर्चा करते हुए वे कहते हैं :

> साहित्य के क्षेत्र में फोटोग्राफिक यथार्थवाद या प्रकृतवाद उसी तरह है जिस तरह विज्ञान के क्षेत्र में रूपात्मक तर्क पद्धति या दर्शन में यांत्रिक भौतिकवाद। वह यह देखने में असमर्थ है कि चीजें क्या रूप धारण कर रही हैं। वह यथार्थ को जड़वत रूप में ग्रहण करता है और ऐसा करके उसे निर्जीव बनाकर मार देता है। वह विस्तृत ब्यौरा तो प्रस्तुत करता है लेकिन उसमें कोई तरतीब नहीं देख सकता। वह पेड़ों को ही देखता है, जंगल को नहीं; केवल असंबद्ध अंश देखता है, संपूर्ण को नहीं। वह अंध अनुभववादी है, उद्देश्यहीन जड़ता है।[24]

यह बिल्कुल सही कहा है। और अगर हम इसमें यह और जोड़ दें कि प्रकृतवाद रूपवादी सिक्के का ही दूसरा पहलू है तो हम उन अवरोधों को समझ सकते हैं जो आधुनिक प्रतिक्रियावाद कला के रास्ते में खड़े करता है।

इसलिए ग्वाइन थॉमस और अलक्जैंडर सैक्स्टन जैसे लेखकों का दायित्व है कि वे जंगल को देखें ही नहीं उसे साफ भी करें।

पंद्रह

किसी भी आदमी ने (यहां तक कि हरकुलस ने भी) अपने हाथों से जगल को संतोषजनक मात्रा में साफ नहीं किया है। और फिर अब तो एकाधिकार पूंजीवाद द्वारा पैदा किए नए जंगल उग आए हैं। इसलिए समाजवादी यथार्थवाद के सवाल को समाजवाद के अस्तित्व से अलग करके नहीं देखा जा सकता। यांत्रिक ढंग से इसका यह अर्थ नहीं लगा लिया जाना चाहिए कि केवल सोवियत संघ में ही समाजवादी यथार्थवाद का साहित्य लिखा जा सकता है। ऐसा नहीं है। लेकिन सोवियत संघ का अस्तित्व उस गुणात्मक परिवर्तन का नियामक कारण है जो समाजवादी यथार्थवाद को संभव बनता है। यह बात इतनी सरल है कि उसकी व्याख्या की अलग से जरूरत नहीं है। मैं पहले ही कह चुका हो कि हमारे युग का केंद्रीय और आधारभूत यथार्थ है वर्गों से वर्गहीन समाज में संक्रमण। इस संक्रमण में सोवियत संघ द्वारा अदा की गई भूमिका मानव इतिहास का अमिट और गौरवशाली पृष्ठ है। समाजवादी यथार्थवादी पद्धति का जन्म इसी नए, अभूतपूर्व यथार्थ के संदर्भ में हुआ। अस्तित्वमान समाजवाद से उसके संबंधों पर अलग से कुछ कहने की जरूरत नहीं होनी चाहिए।

फिर भी, सोवियत संघ, उसकी नैतिकता और उसके साहित्य की चर्चा किए बिना समाजवादी यथार्थवाद की चर्चा करना असंभव है। इसको अधिक स्पष्ट करने के लिए हमें पुनः 'हवा में उड़ते पत्ते' पर लौटना होगा।

'हवा में उड़ते पत्ते' में ग्वाइन थॉमस ने एक काम जो बहुत ही विस्तृत और सुंदर तरीके से किया है वह है ब्रिटिश शासक वर्ग द्वारा लंबे काल से पहले नैतिकता के मुखौट को उघाड़ने का। ऐतिहासिक और आर्थिक रूप में ब्रिटिश शासक वर्ग को देखना एक बात है। लेकिन उसके साहित्यिक प्रतिबिंबन का इतिहास अजीबोगरीब है, जो अंग्रेजी भाषी लोगों के लिए बहुत महत्व रखना है। इसलिए जब थॉमस अपनी पुस्तक में एकदम निचले तल से उठाकर शोषण के सरल सीधे आधार पर ब्रिटिश सामंती अभिजात वर्ग की ब्रिटिश पूंजीवाद से बेमेल शादी कराते हैं तो वह एक बेहद गंभीर दायित्व पूरा कर रहे हैं। वे एक नैतिक आधार को सामने लाकर नैतिकता के नए क्षेत्र में अनेक जरूरी कदमों में से एक कदम उठा रहे हैं। और इसका आधार भौतिकतावाद है। यह शासक वर्ग के प्रति आम घृणा और विरोध

ही नहीं है। यह अपनी विषयवस्तु बने विधाताओं के प्रति सचेत आक्रोश भी नहीं है। न ही यह अमरीका के प्रारंभिक दौर में राजशाही विरोधी जनतांत्रिकता है। बल्कि यह आज की दुनिया में ब्रिटेन की भूमिका के संपूर्ण पक्ष को उजागर करता है। यह भूमिका उसी रंगमंच पर है जिसमें सोवियत संघ की है और इस भूमिका में ब्रिटेन के भ्रम एक-एक करके टूट रहे हैं। यहां हमें साहित्यिक विश्लेषण को एक गति के हिस्से के रूप में देखने की ज़रूरत है। यह विशिष्ट गति दुनिया में समाजवादी खेमे के निर्माण और अस्तित्व की ओर ले जाती है। इस प्रकार 1830 में नृशंसता का पर्दाफाश करना, शोषण का विरोध करना उस बीज की चेतना का प्रमाण है जो सोवियत संघ के रूप में अंकुरित हुआ। और यह कोई रहस्यमयी या जटिल बात नहीं है। यह महज उस कलाकार की सृजनात्मकता है जो वह अपनी साहित्यिक समस्या के प्रति सजग यथार्थवादी चेतना द्वारा संपन्न करता है। व्यापक अर्थ में वह नए नैतिक तथ्यों से संपन्न करके पहले उठाई गई समस्या और उसके समाधान को ही दुहराता है।

साहित्य में मानदंडों के महत्व और उनकी नैतिकता के साथ संबंधों से परिचित कोई भी व्यक्ति नैतिकता की उस गंभीर समस्या को समझ सकता है जिसका आज के रचनाकार को सामना करना पड़ रहा है। मैंने पहले नैतिकता की भूमिका की चर्चा करते समय इस बात का जिक्र किया था कि वह लेखक द्वारा वस्तुगत यथार्थ के रचनात्मक प्रतिबिंबन में औजार का काम करती है। नैतिकता सृजनात्मक लेखन में स्वाद भरने वाला नमक है और साहित्य की तमाम रचनाओं में नैतिक निर्णय इतनी गहराई से गुंथे होते हैं कि हम प्रायः उनकी उपेक्षा कर जाते हैं। हमारी समझ से नैतिक निर्णय से रहित साहित्य जैसी कोई चीज नहीं होती। लेखक इसके प्रति सचेत हो या न हो लेकिन नैतिक निर्णय (या नीतिगत मानदंडों का प्रयोग) एक ऐसा गारा है जिससे एक लेखक यथार्थ की व्यापकता में से अपनी चुनी चीजों को जड़ता है। दूसरे शब्दों में उसकी कला का दर्जा, उसका महत्व, उसका मूल्य काफी हद तक इस बात पर निर्भर करता है कि लेखक द्वारा स्वीकृत नैतिकता की प्रकृति क्या है। मैं पुनः इस बात को रेखांकित करना चाहता हूं कि नीतिगत मानदंड और आत्मगत चीज नहीं है बल्कि वस्तुगत यथार्थ का प्रतिबिंबन है। दूसरे शब्दों में कहें तो मानवों के बीच गतिमान सामाजिक संबंधों में वस्तुगत यथार्थ का ढल जाना है।

इसलिए समाजवादी यथार्थवाद के लिए सोवियत संघ का अस्तित्व एकदम जरूरी है क्योंकि इस यथार्थवाद की प्रकृति की प्राणभूमि समाजवाद की व्यावहारिक नैतिकता है।

मैंने अभी ब्रिटिश शासक वर्ग के अजीबोगरीब साहित्यिक प्रतिबिंबन की बात कही थी। हमें नैतिकता की दृष्टि से इस बात को जांचना चाहिए क्योंकि यह नैतिकता ही हमेशा बुर्जुआ यथार्थवाद की सीमा और पैरों की जंजीर बनी रही, जबकि समाजवादी यथार्थवाद एक शक्तिशाली झटके से इससे मुक्त हो जाता है। 19वीं शताब्दी के अंत में भी अमरीकी साहित्य इस अविश्वसनीय मिथक के दायरे से मुक्त नहीं हो सका। और आज रूपवादी प्रकृतवाद से प्रभावित अमरीकी लेखक इस ब्रिटिश मिथक के प्रभाव में अधिकाधिक फंसते जा रहे हैं।

ग्रेट ब्रिटेन की साम्राज्यवादी भूमिका पर मैंने जो बल दिया है उसे ब्रिटिश जनता के संदर्भ में ब्रिटेनविरोधी रवैया नहीं समझ लिया जाना चाहिए, जो आज ब्रिटेन के सुवासित शासक वर्गों की कीमत अदा कर रही है। न ही किसी को यह गलतफहमी होनी चाहिए कि आज अमरीकी साम्राज्यवाद ब्रिटिश साम्राज्यवाद का मोहरा या छोटा साझीदार है। स्थिति इससे उलटी है। ब्रिटेन का बरगलाऊ 'समाजवाद' उसकी उस तात्कालिक भूमिका को ढंकने का बहाना है वह उस वाल स्ट्रीट गिरोह का मोहरा और दलाल बन गया है जिनके पास इतना धन, साम्राज्य और शोषण के साधन हैं जिसकी कि ब्रिटेन ने कभी कल्पना भी नहीं की थी। किप्लिंग युग के भड़कीले लिबास की तरह डालर साम्राज्यवाद भी खून और आंसुओं से सना है। मैं तो ब्रिटिश साहित्य के महत्वपूर्ण साहित्यिक मिथक का उपयोग एक भ्रष्ट और भ्रामक विचारधारा की शक्ति को दिखाने मात्र के लिए कर रहा हूं। और आज भी ब्रिटेन उस साहित्यिक मिथक को फैलाने में अग्रणी भूमिका निभा रहा है। यह और बात है कि उसमें अब वैसी तेजी नहीं है।

अपने पूर्ण अर्थों में ब्रिटिश शासक वर्ग का यह मिथ एकमात्र सच्चाई के रूप में अभिव्यक्त होता है। वह अपने कार्यों को अच्छाई के कार्य कहता है। यूं तो प्रत्येक शासक वर्ग ऐसा ही करता है, लेकिन कभी भी इतने लंबे समय तक इतनी सफलता से यह नहीं किया गया जितना ब्रिटेन ने किया है। और कभी भी उसने ऐसी चालू दंतकथा का रूप धारण नहीं किया जैसा ईश्वर प्रदत्त श्रेष्ठता के इस मिथ ने जिसको एंग्लो-सैक्सन अपने पर ओढ़े हैं। और कभी भी साहित्यिक रूप में उसने इतनी पूर्णता से अपने को अभिव्यक्त नहीं किया।

क्योंकि यहां हम नैतिक निर्णय तथा नैतिकता के आदर्श एंग्लो-सैक्सन 'महाशय' का विवेचन कर रहे हैं इसलिए हमें नैतिकता की पड़ताल में जाना होगा। यह स्वाभाविक है कि इस पड़ताल का प्रारंभ बिंदु किसी

शासक वर्ग की प्रकृति की जांच होगी। उसके बाद हमें इस बात की जांच करनी होगी कि कहीं इस सामाजिक रूप का अस्तित्व बुर्जुआ नैतिकता का भी उल्लंघन तो नहीं है। समाजवादी नैतिकता में शासक या शोषक के रूप में एक वर्ग का अस्तित्व ही अनैतिक और बुरा है। धन, आराम, संस्कृति, गरिमा, तौर-तरीकों, शिक्षा, दरबारीपन के बनावटी वर्ग रूप वास्तव में अपने देश के श्रमिकों या उपनिवेशों के अर्द्धदासों को चूसकर बने हैं। क्रिकेट के मैदान, देहाती बंगले और उन्हीं की तरह अमरीका में उनके ठाठ-बाट खून के सागर में तैरने, यातनाग्रस्त हड्डी और मांस के द्वीप पर खड़े होने जैसा है। उन्हें अनगिनत आंसुओं में सींचा है, उनकी हरियाली टूटे दिलों, आशाओं और स्वप्नों से बनी है। जैसा कि डूबोइस ने कहा है, अंग्रेज शासक वर्ग ने आधुनिक युग में सर्वाधिक आततायी और अमानवीय कारनामों से आर्थिक प्रभुता प्राप्त की है। अफ्रीकी दासों का व्यापार जैसी घटनाएं इतनी गंदी और पाशविक हैं कि इसकी तुलना फासीवाद की आधुनिक दुनिया से ही की जा सकती है। इसके बाद उन्होंने उपनिवेशी जनता का कत्लेआम किया, भालों के जुलूस पर गोलियां चलाईं, निहत्थे सूडानी लोगों की हत्याएं कीं, अनगिनत भारतीयों को मारा, करोड़ों चीनियों को अफीमची बनाया, सोलोमन द्वीपवासियों को दास बनाया, बुरे लोगों को खत्म किया, आधे अफ्रीका पर अवर्णनीय जुल्म ढहाए, भारत में सिपाही विद्रोह को ऐसी बर्बरता से कुचला जिसकी मिसाल मानव इतिहास में नहीं है, बंगाल में मानव-निर्मित अकाल पैदा किया जिसमें लाखों लोग मरे, बर्मी लोगों की हत्याएं कीं, शांति की हत्या की, बुअर युद्ध छेड़ा। कहां तक बखान करूं, इसका कोई अंत नहीं।

इसका यह अर्थ नहीं है कि नीचता या भ्रष्टाचार पर ब्रिटिश शासक वर्गों का एकमात्र अधिकार था या दूसरे लोगों की तुलना में एंग्लो-सैक्सन लोग ही भयंकर नृशंषसाओं में अधिक दक्ष हैं। यह इसलिए हुआ कि वे उपनिवेशी बाजार में सबसे प्रमुख शासक वर्ग थे। ब्रिटिश शासक वर्ग वहां सबसे पहले दौड़कर पहुंचा और दूसरे देश उसके बाद। अमरीका ने देश के मूल निवासी आदिवासियों का कत्लेआस कर तथा 19वीं शती में दास-प्रथा को अपने अर्थ में समोकर संपत्ति एकत्र की। हमारे पास ऐसे शासक नहीं थे। जो उपनिवेशी या दूसरे प्रकार के शोषण में माहिर होते। इसलिए ब्रिटिश शासक वर्ग ने यह जिम्मेदारी संभाली कि अपने दुनिया के खून में नहाने को 'अच्छी', 'श्रेष्ठ' और 'साहसी' नैतिकता के रूप में गौरवान्वित करें। हमने उससे सीखा, उसका पालन किया और नकल की। और आज हम नैतिकता की जो एंग्लो-सैक्सन की मौलिक 'तर्क प्रणाली' है उसको भी

मात देते चले जा रहे हैं।

हमारी स्थितियां भिन्न थीं। इसलिए हमारी नैतिकता और उपनिवेशी शोषण का विकास दूसरी तरह हुआ। फिर भी आज हम हर ब्रिटिश मिथक से दो कदम आगे बढ़ गए हैं।

जैसा मैंने कहा, ब्रिटिश साम्राज्य द्वारा किए गए विश्व कत्लेआम के साहित्यिक प्रतिबिंबन के गंभीर परिणाम निकले। इस शताब्दी के प्रारंभ में हमारे नितांत देसी लेखक मार्क ट्वेन ने 'उत्तरी अमरीकी समीक्षा' में अपने को संबोधित 'अंधेरे में बैठे व्यक्ति के प्रति' नाम से निबंध लिखा। उसमें उन्होंने कहा :

> समझदारी और चौकसी से दिया गया सभ्यता की निधि का आशीर्वाद डेजी का फूल है। इसमें ज्यादा पैसा, भूभाग, प्रभुसत्ता और दूसरे ऐसे अनेक लाभ हैं जो दूसरे किसी खेल में नही हैं।[25]

और ठीक इसी समय रूडयार्ड कप्लिग (जिसे एक नैतिक नपुंसक भी कह सकते हैं) ने साम्राज्य के नाम पर (जिसे वे कितना प्यार करते थे) निम्नलिखित बकवास लिखी :

> हमने
> एक फलती फूलती बौछार खोई
> और हमने भिखारियों से कतरा
> और जब हमारा माल खत्म हो गया
> तो हमने फलेफूले बुंदों का इस्तेमाल किया
> अरे ! तुम
> उस समय मेरे पास कभी नहीं आना
> जब टामी खेल रहा हो
> किरीच और कुंदे से।[26]

हत्याओं की यह बेशर्मी और फूहड़ प्रशंसा, एक अंग्रेजी कवि के 'सुंदर' बाने में लिपटी यह अर्थहीन भावुकता, केवल किप्लिग या उनके समकालीनों की ही खूबी नहीं है। जब मार्क ट्वेन का अमरीकी सर्वहारा के संघर्षों से वह दुखांत बिछोह नहीं हुआ था, तो वे ब्रिटिश और अमरीकी साम्राज्यवाद द्वारा बुने जा रहे उस 'गौरव' के घटिया और बदबूदार चित्र पट को चीरकर यह देख सके थे कि ब्रिटिश साम्राज्य से इस तरह का साहित्य पैदा हो रहा है जो अनैतिक है और आज के एंग्लो-सैक्सन नवफासीवाद के लिए साहित्यिक-वैचारिक आधार कर रहा है। पूंजीवाद के असमान विकास की

प्रकृति के कारण ही अमरीकी साहित्य में भिन्नता दिखाई पड़ती है। आज हम देख रहे हैं कि दोनों रास्ते मिल गए हैं। अपने उद्भावक अर्थतंत्र की समाप्ति के साथ ही मार्क ट्वेन का बुर्जुआ यथार्थवाद भी मर रहा है। केवल समाजवादी नैतिकता ही सत्य को प्रतिबिंबित कर रही है।

फिर से किप्लिंग की बात की बात करें तो यह आश्चर्य की बात है कि उसके समय में उसकी इस मूर्खतापूर्ण अंतहीन बकवास का अधिक विरोध नहीं हुआ। लेकिन अगर हम यह जान लें कि ब्रिटिश शासक वर्ग ने किस तरह अपने को, और अंग्रेजी-भाषी साहित्य नें अपने मिथ को किस तरह फैलाया, तो इसे समझा जा सकता है मुझे किप्लिग की सारी रचनाओं में से केवल पंक्ति ऐसी मिली जिसमें कुछ अपराध बोध या नैतिक चेतना दिखाई पड़ती है। वह है, सूडानी लोगों के बारे में उसकी यह पंक्ति,

हमने तुम्हें शराब में सराबोर किया
यह शायद अच्छा नहीं हुआ।[27]

वह काकटेल की नहीं उस समय की सबसे ताजा चलती राइफल की चर्चा कर रहा है। वह इसे सही नहीं समझता। भगवान ही हमें बचाए। और उसका धर्म अपने विशेष सूअर बाड़े की तमाम महिमा से मंडित है। अपने घिसेपिटे और भद्दे ईसाइयत से शून्य 'भजन'[28] में वह आह भरता है :

असभ्य हृदय जिसने
बदबूदार नली और लोहे के टुकड़ों में
अपना विश्वास रखा···

उसका 'ईसाई' हृदय मार्टिनियों और हथियार भरे युद्धपोतों में आस्था रखता है। लेकिन अपने जंगलीपन में भी वह 'बदबूदार नली और लोहे के टुकड़े' का मखौल उड़ा सका।

स्वयं उसके द्वारा मान्य अपने सर्वश्रेष्ठ उपन्यास 'किम' में वह राष्ट्र-प्रेम और जनप्रेम को छोड़ इतिहास की कल्पना 'बृहत्तर बर्तानिया' की अपनी सड़ी अवधारणा के रूप में करता है और फंसाने वाले की भूमिका को अपने नायक के लिए उच्चतर स्तर की भूमिका में स्वीकार करता है।

जैसा कि मैंने कहा, अगर यह अकेले किप्लिग की साहित्यिक भूमिका की बात होती तो गनीमत थी। लेकिन वह तो एक बड़ी भीड़ का सबसे मुखर प्रतिनिधि मात्र है। एक सिरे से दूसरे सिरे तक हमें इस नैतिक भ्रष्टता का साहित्यिक प्रतिबिंबन दिखाई पड़ता है। उसी समय रैंफल्स नाम का तिजौरी का रखवाला भला मानुष पैदा हुआ, जिसकी

लोकप्रियता आसमान छू रही थी। एक छोटे बंदर के दिमाग और एक दलाल के नैतिक दृष्टिकोण से युक्त यह रैफल्स 'क्रिकेट खेलने वाले पब्लिक स्कूल के व्यक्ति' के रूप में उभारा गया और इससे उसकी सारी बुराइयां सही हो गईं। हम कृषक विद्रोह के राबिनहुड की दूरागत आवाज हैं। रैफल्स अमीरों से लेता है और गरीबों से घृणा करता है। और अगर कोई गरीब उसकी इस बुरी कमाई का एक पैसा भी पकड़ ले तो वह तबाह हो जाएगा। उसकी यह नैतिक मुक्ति बोअर युद्ध में उसकी हिस्सेदारी का परिणाम है, जहां उसने युवा चर्चिल की अपकीर्ति बांटी थी।

कीट्स और शैली और वर्ड्सवर्थ का काव्य आज टैनीसन की साम्राज्यवादी विकृति का रूप धारण कर चुका है। उसने उस सब कुछ को छोड़ दिया है जो सत्य, मानवीय और अच्छा था। उसका स्थान ब्रिज जैसे लोगों के मानवता विरोध ने ले लिया है। पहले के युग के महान उपन्यासकारों के बदले शासकवर्ग की बकवास वाले थाकरे, डिकंस और गाल्सवर्दी जैसे लोग 'मुखिया' बन गए हैं। जब समरसैट माम आते हैं तो यह साफ जाहिर है कि अब 'उच्च स्तर' के लेखन का विषय उस वर्ग के लोग ही बनाए जा सकते हैं जिन्होंने बर्बरता में सभी को मात दी हो। लेकिन इसके बारे में सोचने की फुर्सत किसे है। जब एच. जी. वैल्स जैसा लेखक भी एक दुकान के क्लर्क या दूसरे किसी सफेदपोश नायक के बारे से लिखता है तो वह एक सीमा के बाद घिनौना बन जाता है। और साहित्यिक इतिहास में अभूतपूर्व विश्वसनीय दुनिया की रचना करने वाला प्रतिभा का धनी स्टीवेंसन जैसा रचनाकार निम्न कुलोद्भव चरित्रों में अच्छाई के गुणों की सृष्टि करने का साहस नहीं कर सका। आज का साहित्यिक मंत्र यह है कि बुराई जन्मजात है।' और कितने ही प्रतिभाहीन पेशेवर लेखक इस दर्शन को हजारों पुस्तकों में प्रतिफलित कर रहे हैं। जॉन बुचन से लगाकर मारिस हैलैट तक, डॉन बाइरन से लगाकर गिल्बर्ट के. चैस्टर्टन तक, इस वितृष्णा जगाने वाले साहित्य की बाढ़ आ गई है जो ब्रिटिश 'पब्लिक स्कूलों' के चुनिंदा लोगों के बीच पैदा होने के गौरव से फूले नहीं समाते। इन्होंने खून की नदी पर तैरकर संपत्ति अर्जित की है। जिन्होंने अपनी विश्व विजयों में किसी को माफ नहीं किया, आज 'क्रिकेट' के शौक को धार्मिक प्रतिष्ठा दे रहे हैं। और उसका साहित्यिक प्रतिबिंबन, चाहे वह आर्वेल का गरिमामंडित लेखन हो या मेसन का मंदबुद्धि लेखन हो, ग्रीनविच गांव से लगाकर सिडनी, आस्ट्रेलिया से लगाकर हालीवुड और कैलीफोर्निया से संचालित हो रहा है।

अभी इस बात को केवल सौ वर्ष बीते हैं जब शैली ने 'ओड टु लिबर्टी'

में बेहद पीड़ा और क्रोध से लिखा था :

अरे, वह मुक्त उपवित्र नाम को पैर से कुचलेगा
राजा को धूल में ! या इसे वहां लिखो
ताकि कीर्ति के पन्नों पर यह कलंक
सर्प की लकीर की तरह हो
जिसे हल्का हवा का झोंका मिटा जाए
और समतल बालू उसे ढंक ले।
तुम देव वाणी सुन चुके हो :
विजय-दर्पित तलवार उठाओ
और इन बेहूदे शब्दों की सर्पीली गांठें काट दो
जो कमजोर खूंटी हैं पर बांध सकते हैं
जनता को, मजबूती से
मानव जाति को डराने वाले कुल्हाड़ी और छड़
ध्वनियों में जहर भरा है, यह वीर्य है
जो जिंदगी को बेहूदा बनाती हैं, सनकी और घृणित
तुम अस्वीकार मत करो, अपनी शर्तों पर
इस अनिच्छुक कीड़े पर अपना लौह पंजा रखने से।
अरे, ज्ञानी उनके चमकते मस्तिष्कों से सुलगाएंगे
इस निस्तेज दुनिया के गुंबज में ऐसी रोशनी
कि पुजारी का विवर्ण नाम सिकुड़कर क्षीण हो जाएगा
उस नर्क में, जहां से पहली बार वह उछाला गया···

शेली की यह पुकार बेकार नहीं गई। इस ली को बुद्धिमान लोगों ने अपनी प्रतिभा से प्रज्वलित रखा है और इस रूप में प्रज्वलित रखा है जैसा मानव इतिहास में पहले कभी नहीं था। अब उन मानव शोषकों का अंतकाल शुरू हो गया है जिन्होंने हमारी जाति का रक्त चूसा, उसकी अच्छाई को विकृत किया, उसके सपनों को चकनाचूर किया। और क्योंकि यह उसका अंतिम दौर है इसलिए शासक वर्ग ने अपने अंतिम आर्थिक और सैनिक पक्ष को प्रतिबिंबित करने के लिए साहित्यिक फासीवाद की रचना की है। और जिस सीमेंट से उन्होंने यह साहित्यिक दीवार खड़ी की है वह नैतिक पतन और भ्रष्टता के सिवा कुछ नहीं है। उन्होंने उस नीतिशास्त्र को भी तिलांजलि दे दी है, जिसका वे कभी बड़ा ढिंढोरा पीटते थे।

आज जो लेखक इस नैतिक पतन को ध्वस्त कर बाहर आना चाहता है उसके लिए जरूरी है कि वह समाजवाद की नई नैतिकता को अपनाए।

सोलह

अमरीका में इस नैतिक पतन का रूप भले ही भिन्न रहा हो लेकिन उसकी अंतर्वस्तु वही थी। ब्रिटिश लोग शोषण की कला में माहिर हैं इसलिए उन्होंने शैली का पुतला नहीं जलाया। लेकिन अमरीका में कुछ कैथोलिक चर्च शक्तियों के प्रभाव में आकर अभी हाल में ही मार्क ट्वेन के 'द कनैक्टीकट यांकी' पर न्यूयार्क शहर के पब्लिक स्कूलों में प्रतिबंध लगा दिया गया है।

अमरीका में 'खून और जन्म' की नैतिकता की बात नहीं की जा सकती। सभी जानते हैं कि साम्राज्यवादी जाति के विरुद्ध क्रांति में हमारे देश का जन्म किस तरह हुआ। क्योंकि यह जानकारी अभी भी लोगों की स्मृति में ताजा है इसलिए उस तरह का तर्क यहां नहीं चल सकता। फिर भी वैसी ही अमानवीय वस्तु, वैसी ही नैतिक कलाबाजी एक दूसरे रास्ते से संपन्न की गई है। ब्रिटिश साहित्यिक बहाव से प्रभावित होकर अमरीका ने भी अपकीर्ति और बुराई का अपना साहित्यिक तर्कशास्त्र रचा। हमने ब्रिटिश से वे चीजें लीं जो हमारे लक्ष्य के अनुकूल पड़ती थीं। उसे हमने देशी जामा पहनाया और फिर हम भी उसी मंजिल पर पहुंच गए। हमारा शासक वर्ग भद्रता के दिखावे के चक्कर में नहीं पड़ा। वह अधिक सख्त, शक्तिशाली और नृशंस है। उसके पास अणु बम भी हैं। वह ब्रिटेन को एक उपेक्षणीय और पतनशील छोटा हिस्सेदार मानता है। वह कोई बारीकी नहीं, केवल परिणाम चाहता है। और वह साहित्य से भी वही मांग करता है।

वह साहित्य से वही मांग करता है जो ब्रिटिश करते थे। लेकिन थोड़े भिन्न तरीके से। इसलिए चाहे नतीजे वही निकलें, पर प्रक्रिया अलग-अलग है। अगर साहित्यिक शब्दावली में बात करें तो ब्रिटिश योजना के तहत 'निम्न वर्ग' विनम्र और ठीकठाक होते हुए भी कम मानवीय हैं। और दूसरी जातियां भी मानवीयता में घटकर हैं। पर आपके ऊपर है कि आप उन्हें जैसा मानें। लेकिन जहां वे एक विनम्र पाशविकता की अवधारण के अंतर्गत लोगों को भ्रष्ट करते हैं वहां हम एक कर्कश पाशविकता की अवधारणा के अंतर्गत। दोनों ही स्थितियों में नैतिकता का पतन होता है। पूंजीवादी नैतिकता में बुराई अच्छाई बन जाती है और अच्छाई बुराई। जिस तरह काफ्का आदमी की तुलना कौंक्रोच से करता है उसी तरह आज के अमरीकी शासक वर्ग की नैतिकता आदमी की तुलना जानवर से करती

है। वह हमें सारी अच्छाई, उदारता, और बुद्धिमत्ता से रहित कर बदले में भौतिक जीवन का वह दलाल प्रतिमान देता है जो श्रमिक वर्गों के जीवन से अधिक विज्ञापनों में दिखाई पड़ता है। एक सुपरमैन की रचना की जाती है जो नाजियों की तरह हाड़-मांस का बना नहीं है बल्कि विकृत 'जनतंत्र' के दर्शन और कपड़ा धोने की मशीनों और मोटरकारों की खिचड़ी है। नैतिकता को भ्रष्ट बनाने की ब्रिटिश पद्धति का निर्ममता से पालन किया जाता है 'जनतंत्र' के नाम पर हर संभव गैर-जनतांत्रिक तरीके का इस्तेमाल किया जाता है। 'जनतंत्र' के नाम पर संघर्ष द्वारा अर्जित 'मानव के अधिकारों' को एक-एक करके छीना जा रहा है। जैसा कि ट्रूमैन के एक सेनाध्यक्ष ने कहा है, 'हमें अपने संविधान का पालन करना चाहिए, चाहे ऐसा करने के लिए हमें उसकी बलि ही क्यों न देनी पड़े।'

इसलिए यह स्वाभाविक ही है कि इसका साहित्यिक प्रतिबिंबन एक स्थिर किस्म का वहशीपन बन कर रह जाता है। 'लाइफ' पत्रिका के एक संपादकीय के शब्दों में 'प्रगति' एक 'रूसी क्रांति' बन जाती है। लेकिन मनुष्य एक जगह खड़ा नहीं रह सकता। अगर वह आगे नहीं जा सकता तो पीछे लौटेगा। अगर वह अच्छाई की आशा नहीं कर सकता तो वह बुराई को अपनाएगा। अगर उसको सोवियत संघ द्वारा निर्मित सुंदर और स्वतंत्र दुनिया का शत्रु बनाना है तो उसे दूर उस अमरीकी परंपरा और नैतिकता से घृणा करना सिखाना होगा जिससे सोवियत व्यवस्था को औचित्य मिलना है। उसे वहशियों की पूजा करनी होगी जिससे कि एक दिन वह भी वहशीकृत हो सके।

नैतिकता के सवाल पर विचार करने के लिए हम आज के अमरीका से दो अत्यंत लोकप्रिय साहित्यिक व्यक्तियों को लें। जॉन स्टेनबैक और जेम्स एम. केन दो ऐसे व्यक्ति हैं जिनका नाम लोकप्रिय समीक्षक शायद ही एक सांस में कभी लेते हों। स्टेनबैक हैमिंग्वे की 'अचेतन' परंपरा में एक प्रिय सौंदर्यशास्त्री हैं। केन को फूहड़ लेखक माना जाता है और कभी-कभी तो बाजारू तक कहा जाता है। हालांकि फ्रैंकलिन पी. आदम्स ने उसकी तुलना सहानुभूतिपूर्ण तरीके से हैमिंग्वे से की है। फिर भी उन दोनों को एक साथ रखकर देखा जा सकता है। इनकी वस्तु एक ही डोंगे से ढाली गई है और उस पर साथ-साथ विचार किया जा सकता है।

बहुत दिन नहीं हुए जब स्टेनबैक ने 'केनरी रॉ' नामक पुस्तक छपवाई थी। 'समीक्षकों' ने यह कहकर इसकी प्रशंसा की थी कि यह कैलीफोर्निया में करमल के पास के क्षेत्र के लोगों का सुंदर चित्र प्रस्तुत करती है। 'टाइम्स' के पुस्तक-समीक्षा भाग की शब्दावली में यह क्षेत्र 'स्टेनबैक क्षेत्र' बन गया

है। यह पुस्तक काफी पढ़ी गई। अगर स्पष्ट कहें तो इसकी कहानी में आवारागर्दों के एक गिरोह या नशेड़ियों का वर्णन किया गया है। ये बेरोजगार तो नहीं पर प्यारे लंपट चरित्र हैं, जिन्हें किसी भी प्रकार के श्रम से नैतिक अरुचि है। जब तक वे उत्तेजित नहीं होते तब वे काफी ठीक-ठाक रहते हैं। लेकिन जब उनका पारा चढ़ जाता है तो वे अनेक प्रकार की वहशियाना हरकतों पर उतर सकते हैं। उनका यौन-जीवन और प्रेम जीवन वेश्यालयों तक सीमित है। लेकिन पाठकों को बताया जाता है कि जैसे आवारा लोग मनुष्यों में सर्वश्रेष्ठ हैं उसी तरह वेश्याएं स्त्रियों में। स्टेनबैक ने इन विशिष्ट आवारागर्दों को नव-अभिजातों के स्तर तक उठा दिया जाता है। वे कामचोरी के द्वारा श्रमिक वर्ग की सारी 'ओछी' समस्याओं को सुलझा देते हैं। उनमें 'दैवी' गुण हैं जो उन्हें अपनी जाति में सर्वोच्च स्तर पर प्रतिष्ठित कर देते हैं। अमरीका में उन्होंने ही शराब और मेंढ़कों के शिकार के माध्यम से स्वर्ग का रास्ता ढूंढ़ा है। पुस्तक के चरम उत्कर्ष में वे एक पड़ौसी मित्र डाक्टर के घर पर रंगरेलियां मनाते हैं और उसमें उसके अमूल्य संग्रह ग्रामोफोन रिकार्डों को तोड़ देते हैं। लेकिन इन आवारार्दों की शिशुवत आत्माओं में निवास करने वाली 'उच्च संस्कृति' की तुलना में सभ्यता की संस्कृति का क्या महत्व है।

पुस्तक के अंत में 'डाक्टर' इन आवारागर्दों और वेश्याओं को संस्कृत की प्रेम कविताएं पढ़कर सुना रहा है। और यह स्वाभाविक ही है। कोई जीवित भाषा भला उनके रहस्यवादी कानों को क्या पसंद आएगी ! और जब 'डाक्टर' अप्राप्य स्वादु काव्यपाठ को खत्म करता है तो लेखक टिप्पणी करता है :

> जब उसने पाठ समाप्त किया तो फिलिस माए जोर-जोर से रो रहा था और डोरा अपनी आंखें पोंछ रही थी। हेजल केवल शब्दों की ध्वनियों पर ही इतनी मुग्ध थी कि उनके अर्थ पर उसने ध्यान ही नहीं दिया। लेकिन उन सभी पर दुनियावी दुखों का थोड़ा असर पड़ा। हरेक खोए प्रेम को, उस पुकार को याद कर रहा था। अब भगवान ही हमारी रक्षा करे।

इसकी प्रशंसा में समीक्षाकों ने 'अनोखा' शब्द को प्रयोग किया है। हिटलर के जर्मनी के अनोखे शहरों, अनोखे घरों के अनोखे वासियों में यही 'अनोखापन' था।

केन कुछ कम अनोखे हैं। उनके सर्वाधिक लोकप्रिय उपन्यास 'डाकिया हमेशा दो बार घंटी बजाता है' में उन्होंने, समीक्षकों के शब्दों में, 'हमारे

शहर के सर्वाधिक प्रभावशाली' प्रेम-प्रसंग की कहानी कही है। यह वाकई झकझोर देती है। हमारी संस्कृति का 'सख्त आदमी' कैलीफोर्निया के सड़क किनारे के एक धाबे में जाता है। उसका मालिक ग्रीक है, जिसकी पत्नी पांचवर्षीय बच्चे की मानसिकता और जवान बिल्ली की कामेच्छा वाली एक सुंदर युवती है। उसके इस बिल्लीपन को काफी अजागर किया गया है। उसका पति उससे आयु में बड़ा है और 'सख्त आदमी' की तुलना में कम सुंदर है। हालांकि वह बहुत उदार और भला आदमी है लेकिन ये दोनों ही उससे घृणा करते हैं। केन के ही शब्दों में, इस घृणा का कारण उसका 'लिजलिजापन' है। क्योंकि लड़की और 'सख्त आदमी' एक दूसरे को प्रेम करते हैं और अपने शरीर और आत्मा एकात्मता के लिए उन्हें इस होटल की जरूरत है, इसलिए वे ग्रीक की हत्या की योजना बनाते हैं। और क्योंकि वह ग्रीक है एंग्लो-सैक्सन नहीं, इसलिए उसे मनुष्य कैसे माना जा सकता है। इसके अलावा पृथ्वी पर उसकी उपस्थिति उनके 'प्यार' की परितृप्ति में बाधा उत्पन्न करती है। जैसा कि केन ने लिखा है, 'प्यार' अधिकांश में 'सख्त आदमी' द्वारा युवती के कपड़े उतारने की बजाय कपड़े फाड़कर नंगा करने की उसकी क्रियाओं में है। इन कपड़ा फाड़ क्रियाओं के बीच में वे ग्रीक को मारने की कई कोशिशें भी करते हैं और अंत में सफल हो जाते हैं। ऐसा है यह स्वर्ग का साम्राज्य।

इन दोनों ही पुस्तकों के लेखक अपने पाठकों की सहानुभूति जीतने के लिए यत्नशील हैं। यह सहानुभूति उन्हें मिल भी जाती है। ये दोनों ही लेखक शैलीकार हैं। और चाहे वे इसे स्वीकार करें या नहीं, उनकी नैतिक मान्यताएं उनके नैतिक नज़रिए को समर्थन देती हैं।

स्टेनबैक अपने आवारागर्दों के कार्यों को उचित ठहराते हैं और उनके बारे में प्यार और सहमति के स्वर में लिखते हैं। केन भी अपने हत्यारों के प्रति यही दृष्टि अपनाते हैं। केन का वर्णन इतना प्रभावशाली है कि उसकी पुस्तक को पढ़कर कोई भी इन हत्यारों के हर कार्य का समर्थन करेगा। लेकिन वस्तुगत रूप में हत्या का यह विवरण इतना बेधड़क और भद्दा है, जिसकी मिसाल साहित्य में नहीं मिलेगी। लेकिन इस नैतिक पतन में हमारे रूस से घृणा करने वाले उस विश्व दृष्टिकोण का प्रतिबिंबन है जिसमें 'वह किसी को मारेगा नहीं' 'वह मारेगा' में बदल जाता है।

अगर आपको इन लेखकों के इन इरादों में अभी भी कोई संदेह हो (क्योंकि अपने दैनंदिन जीवन में ये कानून प्रिय नागरिक हैं) तो मैं एमरसन का उद्धरण देना चाहूंगा। इसमें उन्होंने उस प्रक्रिया की व्याख्या की है जिसके ये लेखक हिस्से हैं। एमरसन ने 'कला' नामक अपने लेख में लिखा :

'जितनी दूर तक युग का आध्यात्मिक चरित्र कलाकार पर हावी होकर उसकी रचना में अभिव्यक्त होने लगता है उतना ही उसमें कुछ विशेष उत्कर्ष बचा रहेगा और वह भावी पाठकों के लिए अजाने, अवश्यं-भावी, दैवी का प्रतिनिधित्व करेगा। कोई भी व्यक्ति अपने श्रम से आवश्यकता के तत्व को एकदम अलग नहीं कर सकता। कोई व्यक्ति अपने युग और देश से स्वयं को पूर्णतया मुक्त नहीं कर सकता। वह ऐसी किसी चीज का उत्पादन नहीं कर सकता जिसमें उसके युग की शिक्षा, धर्म, राजनीति, व्यवहार, कलाओं का कोई स्थान न हो। वह जितना भी मौलिक, दृढ़ निश्चयी और अद्भुत क्यों न हो, अपनी रचना को उन विचारों से पूर्णतया मुक्त नहीं रख सकता जिसमें वह पनपी है। जितना ही वह बचने की कोशिश करता है, उतना ही वे उस पर हावी होते हैं। उसकी इच्छा और दृष्टि से परे वह उस हवा और विचारों से जन्मी है जिनमें वह और उसके समकालीन जिंदा और कार्यरत हैं। वह अपने युग के तौर-तरीकों में हिस्सेदार हैं, भले ही वह न जानता हों कि यह तरीका क्या है।

एमरसन की इस बात में सत्य का अंश है। लेकिन उसका स्वयं का जीवन, दासप्रथा के विरुद्ध उसके संघर्ष इस बात का प्रमाण हैं कि व्यक्ति किसी विशेष काल में अपने देश के मुख्य प्रचलन का अनुगमन यांत्रिक रूप से नहीं करता।

जब एमरसन ने अपने काल के 'तरीके' को अपनाया, तो उन्होंने मानव मुक्ति के लिए संघर्ष के सर्वाधिक गौरवशाली विषय को अपनाया। वह रबर का ऐसा स्पंज नहीं बने जो दक्षिण के बोबोन के समस्त घृणित दास प्रथा समर्थन को पचा लें।

जॉन स्टेनबैक भावुकता की बदबू से गंधा रहे हैं। उनका यह भावु-कतावाद उन अनेक लेखकों की तरह सस्ता, बनावटी है जो 'मानवतावाद' का तथाकथित मुखौटा ओढ़ कर एकदम उलटा आचरण कर रहे हैं। लेकिन केन एकदम ठंडे और भावुकताहीन व्यक्ति हैं। स्टेनबैक की तुलना में केन अपने युग की 'वहशी' मानसिकता के प्रति अधिक सचेत हैं। वह वहशीपन के महान अमरीकी स्कूल के प्रवर्त्तक बन गए हैं। बिक्री की दृष्टि से देखें तो यह विषय आज के उपन्यासों, नाटकों, फिल्मों और रेडियो में प्रमुख वस्तु बन गया है। उसके बहुत से अनुयायी पैदा हो गए हैं। उनमें से कुछ की प्रतिभा तो उसी की टक्कर की है। कुछ ऐसे फूहड़ कलाहीन लेखक भी हैं जिन्होंने बातचीत के केवल आंतरिक प्रसंगों को ही ग्रहण किया है।

लेकिन केन के पास कहने को इसके अलावा भी कुछ है। उसके पास एक दृष्टिकोण है। और वह 'तितली' उपन्यास की भूमिका में उस दुर्दमनीय बिल्ली की तरह उछल कर थैले से बाहर आ गया है। पुस्तक की पृष्ठभूमि बताते हुए, कि कैसे उसने उसे लिखना छोड़ दिया था, वह कहता है :

> और तब मैंने एक उपन्यास लिखा। मेरी पहली धारणा मुझे फिर से घेरने लगी। उसका श्रम वाला हिस्सा नहीं। क्योंकि चिंतन से मैं इस नतीजे पर पहुंच चुका था कि भले ही यह विषय कुछ खास किस्म के बुद्धिजीवी को आकर्षित करे लेकिन एक उपन्यासकार के यह किसी काम का नहीं है। उसके काम की चीज है पहाड़ी, वृक्षसंकुल देहाती अंचल, उसकी मोती जैसी साफ ठंडी संकरी खाड़ी, उसके भद्र आकर्षक निवासी और डेनियल ब्रून के समय जैसी दिखती उसकी छोटी-छोटी झोंपड़ियां।

इसमें केनटकी कोयला-खदानों के उस क्षेत्र की ओर संकेत किया गया है जहां तीसरे दशक में बड़ी लड़ाइयां लड़ी गई थीं। उसके अनुसार यह सब किसी उपन्यास के लिए 'मृत बीज' है। केन के अनुसार, अपने शक्तिशाली आंदोलनों, जबरदस्त मुठभेड़ों, भविष्यदृष्टि और समाजवाद के ऐतिहासिक लक्ष्य के साथ सारा मजदूर वर्ग भी 'मृत बीज' है। उसकी नाटकीय विषय वस्तु ही वास्तव में जीवित बीज है, जिस व्यभिचार की कहानी को वह इस उद्घोषणा से पेश करता है कि 'पिता अपनी पुत्रियों से प्रेमालाप कर रहे हैं।' केन महोदय विषय वस्तु के चुनाव संबंधी हिदायतों में ही स्पस्ट नहीं है बल्कि भावी लेखक साहित्यिक सलाह भी देते हैं। उसी भूमिका में वे बताते हैं कि आधुनिक अमरीकी साहित्य की सबसे बड़ी खामी है 'वह कहता है' और 'वह कहती है' का अत्यधिक प्रयोग। आगे वे कहते हैं :

> मैं अपने सहकर्मी कथा लेखकों से यही कहना चाहूंगा कि अब समय आ गया है कि यह परिपाटी, किसी पत्रिका सचिव के लिए संभव यह नीरस घिसापिटापन, तुरत छोड़ दिया जाए और भुला दिया जाए।

और कोई यह न कहे कि मैं किसी असुरक्षित बच्चे को पीट रहा हूं, इसलिए यह बताना चाहूंगा कि समीक्षक केन को बहुत गंभीरता से लेते हैं। उनके प्रकाशक के शब्दों में कहूं तो 'समीक्षकों के लिए केन उतने ही महत्वपूर्ण हैं जितना उनका उपन्यास।' 'तितली' की समीक्षा करते हुए जोसेफ हेनरी जैकसन ने 'सान फ्रांसिसको क्रानिकल' में केन को एक 'अद्भुत समर्थ

लेखक' बताया है।

वास्तव में ही केन अपने क्षेत्र में एक समर्थ लेखक हैं। और जिन समीक्षात्मक टिप्पणियों की चर्चा मैंने की वे संस्कृति को वैसा ही ध्वंश करने वाली हैं जैसे उसकी पुस्तकें लोगों की गरिमा के प्रति सचेत रूप से बहशी और ध्वंशात्मक हैं। इसकी विस्तार से चर्चा जरूरी है। इसलिए नहीं कि वह इतना महत्वपूर्ण है बल्कि इसलिए कि आधुनिक अमरीकी लेखकों में वह एक प्रमुख प्रवृत्ति का प्रतिनिधित्व करता है।

केन के बाद के एक उपन्यास 'सारे अपमान से परे'[29] के निम्नलिखित संवाद पर गौर कीजिए। यह पश्चिमी अमरीका में दक्षिणी राज्य संघ के एक गुप्तचर की कहानी है। वह एक वेश्या के दिखावटी प्रेम में फंसकर अपने उद्देश्य को भूल जाता है। वह पेशेवर हत्यारा बन जाता है। इसमें केन अपने नायक की तरह हत्या और हत्याकांड में लीन हो जाता है। पुस्तक के अंत में ट्रेन की सफल लूट (जिसमें सामूहिक हत्या की सारी खूबियां मौजूद हैं) के बाद नायिका कहती हैं :

'तुमने उसे क्यों मारा।'
'मैंने उन तीनों को मारा।'
'हां, लेकिन उस आखिरी आदमी को। उसे, जिसे तुम्हें नहीं मारना था। उसे, जो कह रहा था कि उसके पास बंदूक नहीं है। डाक क्लर्क।'
'उसने हमें देख लिया था। वह हमें पहचान लेता...'
'रॉगर, तुम झूठे हो।'
'लेकिन क्यों ?'
'तुमने उसे मेरी वजह से मारा।'
'अगर मैंने ऐसा किया, तो भी मैं स्वीकार नहीं करूंगा।'
'तब हम एक रात और साथ-साथ बिता सकते हैं। खदान की उस रात की तरह जिसमें हमने पाया कि जीना क्या होता है ?'
'यह सुबह है।'
'तब एक और सुबह।'
'अपना मुंह दूर रखो।'
'मुझे चूमो...मुझे फिर चूमो।'

कोई भी सही सलामत दिमाग वाला व्यक्ति इसे पढ़कर हंसे बिना न रहेगा और सोचेगा कि कोई इतनी बुरी चीज भी आखिर उतनी हानिकर नहीं है। लेकिन यह एक ऐसा प्रमुख विषय बन गया है जिसे लगातार जोर-शोर

से उठाया जा रहा है। अगर आप इसके सस्ते संस्करणों को भी मिला लें तो इसकी बिक्री अब तक के तमाम अमरीकी कथा-साहित्य से भी अधिक है। यह जासूसी कहानी पश्चिमी सभ्यता की उपलब्धि है। यह उसका साहित्यिक खाद्य है और सभ्य लोगों के लिए एक मनोरंजक पहेली है। यह थके दिमागों को राहत देती है। हर्बर्ट हूवर ने सार्वजनिक रूप से जासूसी कहानी को अपनी पसंद घोषित किया है। उसके बाद से इसे 'दर्द का मरहम' मान लिया है जिसे पूरे दिन की मेहनत से थका हुआ बड़ा प्रशासक पढ़ता है। लेकिन क्योंकि पूरे अमरीका में कुछ हजार प्रशासक ही होंगे इसलिए दूसरे भी इस चटपटी चीज को पढ़ने के लिए होड़ लगा रहे हैं।

लेकिन यह जासूसी कहानी केवल पहेली भर नहीं है। कोई मूर्ख ही इससे चकराएगा। लेकिन अगर यह कहानी अपने रूप में एक पहेली है तो अपनी वस्तु में यह एक हत्या की कहानी है जो एक खास मनोविज्ञान पर आधारित है। उनके सभी नायक अंततः हत्यारों के रूप में परिणत हो जाते हैं। चाहे वह नायक पैरी मैसन है या फादर ब्राउन, जासूस ओ मैली हो या फिलो वांस, महादेशीय ओप हो या अत्यंत सभ्य उत्तरी लोग, सबका अंत बड़ी पहने हत्यारे में होता है। इन जासूसी कहानियों का असली चरित्र इससे स्पष्ट नहीं होता कि उनमें कौन जीतता है बल्कि इससे जाहिर होता है कि इस प्रक्रिया में क्या कुछ होता है।

और इस प्रक्रिया में जो होता है, उसका सार है हत्या। 1949 के आज के अमरीका में भी हत्या कोई आम बात नहीं है। हालांकि हत्याओं में वृद्धि हो रही है लेकिन आम नागरिक शायद ही उनको देख पाता हो। अपनी तमाम हिंसा के बावजूद अमरीका ने हत्या की आहट को आम जिंदगी से अलग रखने की सूक्ष्म कला में महारत हासिल कर ली है। इसलिए यह जासूसी कहानी यथार्थ के तथ्य को प्रस्तुत नहीं करती। इस कहानी की घटनाओं का पूंजीवादी व्यवस्था में होने वाली महत्वपूर्ण और हिला देने वाली हत्याओं से कोई संबंध नहीं है। यह जासूसी कहानी एक ऐसी 'पलायन कथा' है जिसमें अनेक चरित्र हर कोने और दरारों से गिरते हैं।

'पलायन कथा' लिखने में कोई बुराई नहीं है। हर अच्छी कथा में ऐसा प्रभावकारी गुण होना चाहिए कि वह अपने पाठक को अपने वातावरण से उठाकर कथा के नाटक का हिस्सा बना दे। यह कथा-साहित्य की प्रकृति है। उसके बिना वह असफल होगा। लेकिन यहां 'पलायन' का अर्थ यथार्थ के किसी भी प्रतिबिंबन से भागकर ऐसी दुनिया में शरण लेना है जो कभी नहीं थी। यह उस एकाधिकार पूंजीवाद की आधारभूत नैति-

कता या अनैतिकता का स्पष्ट प्रतिबिंबन है। अन्यथा आज केवल हत्या के इर्दगिर्द जो तमाम साहित्य लिखा जा रहा है, उसकी क्या व्याख्या हो सकती है। और यह हत्या या हत्या की घृणा भी किसी मानवतावादी अर्थ में नहीं है। इन जासूसी कथाओं में क्या कहीं भी आप भी मारे गए लोगों के लिए आंसू बहाते हैं ? क्या आप हत्याकांडों के साथ जुड़ी अपवित्र दहशत का अनुभव करते हैं ? क्या आप उन हत्याओं से ऐसे अभाव का अनुभव करते हैं जैसा किसी प्रिय के मर जाने पर होता है ?

लेकिन यहां तो प्यार रहित लाशों की पूरी फौज मौजूद है। उन्हें मानवीयता के समस्त गुणों से रहित कर दिया गया है। वे जीवन के सभी क्षेत्रों से, आयु से, स्थितियों से, जातियों से आते हैं। लेकिन उनमें पाठक के मन में बिना कोई भावना जगाए मर जाने की समान क्षमता है। उनकी मृत्यु पर हत्यारे की तरह पाठक के मन में एक हल्की सी गुत्थी बनती है बस। इसलिए उन लाखों अमरीकियों के लिए, जो अपने जीवन में कभी-कभार ही इस तरह की घटनाओं को देखते हैं, मृत्यु एक बौद्धिक समस्या बनकर रह जाती है। मृत्यु सस्ती और आसान है और उसका खास महत्व नहीं है।

इस कलारूप का समर्थक विरोध करेगा, 'क्या यह अति नहीं है ? एक जासूसी कथा में मृत्यु वास्तव में मृत्यु नहीं है। यह तो एक युक्ति है।'

लेकिन इसीसे हमारी बात सिद्ध हो जाती है। जब मृत्यु मात्र एक युक्ति बनकर रह जाए तो जीवन के प्रति क्या आदर या सम्मान बचेगा ? जैसा कि मैंने पहले कहा, अलग-अलग स्तरों पर अलग-अलग शब्दों में अमरीकी संस्कृति की दोनों अतियों का वही नैतिक सारतत्व प्रयुक्त हो रहा है। यह वही अमरीकी संस्कृति है जिसको एकाधिकारवादी पूंजीवादी प्रेस, फिल्म और रेडियो के जरिए प्रचारित किया जा रहा है। एक ओर वह कथ्य मृत्यु के नंगे नाच, वहशीपन तथा भद्रता के प्रति घृणा के रूप में लाखों कॉमिक पुस्तकों और हत्या रहस्यों के माध्यम से सामने आ रहा है तो दूसरी ओर वही कथ्य 'पार्टीजन रिव्यू' की षड्यंत्रकारी दुनिया में फासीवादी एजरा पाउंड की कविताओं के माध्यम से सामने आ रहा है, जिसके प्रयासों को कांग्रेस-लाइब्रेरी से विशेष पुरस्कार मिलता है। अगर किसी को भी इसके अंतर्निहित संबंधों में संदेह हो तो उन्हें नाक बंद करके गहरी सांस लेकर जार्ज आर्वेल की ताजी रचना को पढ़ लेना चाहिए। यह जार्ज आर्वेल आज उन सबका प्रिय साहित्यकार है जो साहित्य की श्रेष्ठ रचनाओं के बदले सस्ती कॉमिक पुस्तकों की जुगाली पसंद करते हैं।

आर्वेल एक अंग्रेज हैं। लेकिन उसमें एंग्लो-सैक्सन मिथ का प्रतिबिंबन

अंततः एकाधिकारी पूंजीवाद के वहशी ताकत-नफरत से मिल गया है। ये दोनों संस्कृतियां अर्न्स्ट बेविन और हैरी ट्रूमैन के निर्देशों के तहत चुपके से एकाकर होकर और फिर आदमी को कौक्रोच बताने वाले फ्रेंज काफ्का द्वारा प्रस्तावित पैटी बुर्जुआ व जर्मन फासीवाद के समझौते से मिल गई हैं। अपनी पिछली पुस्तक में ओर्वेल ने मानव सभ्यता की तुलना एक सूअर-बाड़े के निवासियों से की है। उन्हें चोरी का दोषी नहीं ठहराया जा सकता मनुष्य एक सूअर-काल है। 'उन्नीस सौ चौरासी'[30] नामक अपनी नई रचना में ओर्वेल भावी दुनिया का खाका खींचते हैं, जिसमें नीतिशास्त्र और नैतिकता से हमेशा के लिए पीछा छुड़ा लिया गया है। आर्वेल की यह दुनिया एक वर्गहीन समाज की बचकानी अवधारणा है। लेकिन नैतिकता जैसी बेहूदा चीज को हमेशा के लिए त्याग देने वाले उनके नायक उस 'पार्टी' के दुश्मन हैं, आर्वेल जिसका जिक्र एक हाथी की संपूर्ण सूक्ष्मता के साथ अशुभ ढंग से करते हैं। दो युवा प्रेमियों की बातचीत सुनिए :

> क्या तुम धोखा देने, ब्लैक मैल करने, जालसाजी करने, बच्चों के दिमाग को भ्रष्ट करने, आदत डालने वाली दवाएं बांटने, वेश्यावृत्ति को बढ़ावा देने, गुप्त रोगों को फैलाने या हर वैसी चीज करने को तैयार हो जो पार्टी के मनोबल को तोड़े और उसकी शक्ति को कम-जोर करे ?'
>
> 'हां' ओर्वेल का कम्युनिस्ट-विरोधी नायक खीसें निपोरता है।
>
> मान लो हमें अपने उद्देश्य को प्राप्त करने के लिए बच्चे के चेहरे पर सल्फ्यूरिक एसिड फेंकना पड़े तो क्या तुम उसके लिए तैयार हो ?

और दुबारा आर्वेल का यह बांका कम्युनिस्ट-विरोधी हां में सिर हिलाता है।

और यह उस त्रात्स्कीवादी द्वारा लिखा गया कूड़ा है जो भारत में ब्रिटिश साम्राज्य की पुलिस में सेवा कर चुका है। आज अमरीकी प्रति-क्रियावाद के सांस्कृतिक नेता उसे प्रेम से गले लगा रहे हैं। इसलिए कि अमरीकी संस्कृति की सारी ताकतें इस पतनशील खतरनाक बकवास की गाड़ी में चढ़ गई हैं। 'महीने की पुस्तक' क्लब इस पुस्तक को चुनता है। समीक्षकों ने इसकी प्रशंसा में अपना सारा थूक बिखेरा। 'रीडर्स डाइजेस्ट' ने इसे सक्षेप में छापा। 'लाइफ' पत्रिका ने अपने आठ पृष्ठ इसको दिए तथा 'पार्टीजन रिव्यू' के सारे छुटभैयों ने मिलकर बड़े ही सुंदर शब्दों में इसका गुणगान किया।

फासीवाद की हौदी की प्रकृति की खोज में राबर्ट हिलयेर और कितना

योगदान करेंगे भला ? लेकिन नैतिकता के विभिन्न तत्वों के बीच के संबंधों को और स्पष्ट करने के लिए आइए एजरा पाउंड और बालिंगन पुरस्कार के बारे में उन्हीं ओर्वेल साहब की राय सुनें। ओर्वेल कहते हैं :

> उसके रेडियो प्रसारण घृणित थे। मैंने जो एक सुना उसमें उसने पूर्वी यूरोप में यहूदियों के कत्लेआम का समर्थन करते हुए अमरीकी यहूदियों को चेतावनी दी थी कि उनकी भी बारी अब आने वाली है…लेकिन इनमें से किसी को भी पाउंड को बालिंगन पुरस्कार देने के लिए तर्क नहीं बनाया जा सकता। ऐसा समय होता है जब इस तरह की चीज अवांछित हो सकती है। मसलन, जब यहूदियों को वास्तव में ही गैस गाड़ियों में भरा जा रहा था। लेकिन आज वैसा समय नहीं है।[31]

इस गंदगी के बारे में कोई क्या कह सकता है। जब सारी नैतिकता समाप्त हो जाती है तो बचे हुए को सही तरह से परिभाषित करने के लिए नई शब्दावली की जरूरत पड़ती है।

लेकिन आज इस बात पर गौर करने की जरूरत है कि प्रतिक्रियावादी लेखक राजनीति से 'कला' के अलगाव की बात लगातार कर रहे हैं। यह उसी सस्ते सिक्के का दूसरा पहलू है जिसमें इस झूठे आरोप को प्रचारित किया जाता है कि कम्युनिस्ट कला को राजनीति का मोहरा बना देंगे। लेकिन अगर हम सिक्के के दोनों पहलुओं को ध्यान में रखें तो यह स्पष्ट हो जाएगा कि इस तरह का सोच किस प्रकार प्रतिक्रियावाद की सेवा करता है। कोई भी आम चिंतनशील प्राणी स्पष्ट देख सकता है कि कोई भी वस्तु हवा में अस्तित्वमान नहीं रह सकती। कला तो एकदम नहीं। इसमें भी कोई अस्पष्टता नहीं हो सकती कि कला सामाजिक यथार्थ से अलग अपने में कोई स्वतंत्र चीज नहीं है, बल्कि सामाजिक यथार्थ का ही एक विशिष्ट प्रतिबिंबन है। क्योंकि राजनीति सामाजिक यथार्थ का अत्यंत महत्वपूर्ण पक्ष है इसलिए राजनीति से कला को अलग करना वैसा ही होगा जैसे कला को स्वयं शब्दों से अलग कर देना। और एकाधिकारी पूंजीवाद के साहित्यिक दलाल इस बात को अच्छी तरह जानते हैं, भले ही वे इसका घनघोर विरोध करें। उदाहरण के लिए खुद ओर्वेल सर्वाधिक स्थूल और भद्दा राजनीतिक प्रचारक है। जब भी उसने कागज पर कलम चलाकर अपने बचकाने और बदमाशी भरे अफीमची ख्वाबों की रचना की है उस पर यह स्पष्ट बिल्ला लगा होता है, 'वाल स्ट्रीट में निर्मित।'

सत्रह

साहित्य में, विशेषकर यथार्थ से साहित्य के संबंध में, नीतिशास्त्र की भूमिका को समुचित रूप से रेखांकित नहीं किया गया है। इसका कारण यह है कि केवल द्वंद्वात्मक भौतिकवाद का दर्शन ही नीतिशास्त्र को वर्गसंबंधों और उत्पादन के साधनों के प्रति सभी वर्गों के संबंधों से जोड़कर देखता है। अन्य सभी दृष्टिकोणों के अनुसार नीतिशास्त्र एक जड़, शाश्वत चीज है। सही और गलत उसकी स्वाभाविक अभिव्यक्ति हैं और प्रतिमानों की तरह वे भी 'शाश्वत और ईश्वर प्रदत्त हैं।'

इस अवधारणा की कठोरता ही नैतिक पतन को तर्कसंगति प्रदान करती है। विसेंट शीयान जैसे व्यक्ति का उदाहरण लीजिए जो अनेक वर्षों तक पूर्णतया नहीं तो आंशिक रूप में देवताओं के पक्ष में रहा है। उसने अपनी गलती का कारण अपने ही शब्दों में बयान किया है। अपने 'व्यक्तिगत इतिहास में वह स्वयं को ही संबोधित कर कहता है :

> बुर्जुआ समाज व्यवस्था में आराम से जीवन यापन करते हुए तुम उसे बदलने के लिए कुछ क्यों करोगे ? अगर चीनी कुली भूखों मर रहे हैं, अगर बारह वर्ष की उम्र में लड़के लंकाशायर की कोयला खदानों में उतरते हैं, अगर जर्मनी की रसायन मिलों में सैकड़ों लड़कियां टी. बी. और पेशागत बीमारियों से मरती हैं, तो इससे तुम्हें क्या लेना-देना है ? तुम्हें इस बात पर क्यों चिंतित होना चाहिए कि पैन सिल्वानियां में स्पात मजदूरों को दासों की जिंदगी बितानी पड़ती है ?
>
> क्या तुम उस सबको भुला नहीं सकते ? तुम कभी भूखे नहीं मरोगे क्योंकि तुम अपनी बेहूदा कहानियों से इतना पैसा कमा सकते हो कि मजे से रह सको। फिर तुम वैसा ही क्यों नहीं करते ?…
>
> क्या तुम आधुनिक पश्चिमी संस्कृति के तमाम ऐशो-आराम त्यागने को तैयार हो—अच्छे खाने से लगाकर उन्मुक्त काम और बाख और स्ट्राविंस्की तक ? और किसके लिए ? उस भावी दुनिया में दूसरे लोगों की संतानों के लिए, जिसे तुम स्वयं नहीं देख पाओगे !
>
> तो निश्चित उत्तर था—नहीं…[32]

यह शीयान ने अपने आप से कहा है। सामाजिक-जनवादियों और त्रात्स्कीवादियों की इस दुनिया में ऐसी साफगोई वाकई काबिले तारीफ चीज है। इसमें मैक्स ईस्टमैन या ग्रानविले हिक्स जैसा दुमुंहापन और तिहरी तर्कमाला की चातुरी नहीं है। यह एक साफ दिल और सच्चा बयान है। लेकिन

बीमारी के पहचान लेने से तो कुछ बनता-बिगड़ता नहीं। अगर कोई कायर अपना नाम बता दे तो इससे उसकी कायरता में कोई अंतर नहीं पड़ेगा। बस यही कि वह कम अमानवीय और अधिक पसंद आएगा। लेकिन वास्तव में शीयान की स्थिति गैर-अमरीकी गतिविधियों पर बनी सदन समिति के सदस्यों से भिन्न नहीं है। उनकी स्थिति अपनी तार्किक परिणति तक पहुंचती है और यह परिणति उस संस्कृति और परिवेश की पूर्ण संगति में है। 'उन्मुक्त काम' को वे स्वीकार कर लेंगे लेकिन स्ट्राविंस्की को वे निश्चय ही गैर अमरीकी तत्व करार देंगे।

विसेंट शीमान की त्रासदी फाउस्ट की लगातार त्रासदी जैसी है। अपनी आत्मा पर संदेह करते हुए वह उसे सस्ते में बेच देता है। और परिणामस्वरूप उसके बुने वस्तुगत यथार्थ को ही नुकसान नहीं होता बल्कि उसकी व्यक्तिगत महानता को भी क्षति पहुंचती है, जिसे उसने एक कटोरी गंदे रस के बदले में गिरवी रख दिया है। केवल इतनी बात नहीं है कि 'आदमी केवल रोटी पर ही जिंदा नहीं रहता' बल्कि मनुष्यता की रोटी ही आत्मा की खुराक है। जॉन रीड ने इसके संबंध में लिखा है :

> मैं केवल इतना जानता हूं कि मेरी खुशी दूसरे लोगों के दुखों पर खड़ी है। मैं इसलिए खा सकता हूं कि दूसरे भूखे रहते हैं। मैं कपड़े पहने हुए हूं, क्योंकि दूसरे लोग सर्दी में बर्फ से जमे शहरों में लगभग नंगे घूमते हैं। और यह तथ्य मुझमें जहर घोलता है, मुझे बैचेन करता है और जब मुझे खेलना चाहिए मुझे प्रचारात्मक लिखने पर मजबूर करता है···[33]

और वह 'प्रचार' किस तरह का था ? और आज इतने वर्षों बाद भी इसे सुनना कितना अच्छा लगता है ।

और थोड़े से शब्दों से ही चीजों के दिलों में उतर जाने की क्षमता रखने वाले कार्ल मार्क्स ने कितनी अच्छी तरह से कहा है, 'अगर कोई बैल बनना चाहे तो वह मानवता की यातनाओं से पीठ फेर सकता है और अपनी खाल बचा सकता है ।'

मुझे नहीं मालूम बैलों ने कौन सा साहित्य रचा है। अच्छा साहित्य लिखना कोई आसान काम नहीं है। केवल मनुष्य ही वैसा कर सकता है। ऐसा करने के लिए उसे रीढ़ तानकर और सिर ऊंचा कर खड़ा होना होगा।

अठारह

अब हम नैतिकता की सोवियत अवधारणा पर विचार करेंगे। यह ऐसा आश्चर्यजनक सीमेंट है जो आज के लेखक के लिए एक अपरिहार्य हथियार बन गया है। 'दर्शन की पुस्तिका' में ए. रोजेंथाल और पी. यूदिन नाम के दो रूसी दार्शनिकों ने नैतिकता की संक्षिप्त परिभाषा दी है। यह बात विशेष महत्व की है कि इस परिभाषा को प्रतिमान के संपूर्ण सवाल को ध्यान में रखकर पढ़ा जाए। उन्होंने लिखा है :

> मार्क्सवाद के अनुसार नैतिकता मानव निर्मित चीज है। वह मनुष्य की चेतना में वास्तविक मनुष्यों की आवश्यकताओं और इच्छाओं, आशाओं और आकांक्षाओं का प्रतिबिंबन है। वह इस प्रतिबिंबन को हमेशा जीवन की ठोस भौतिक स्थितियों उन वास्तविक प्रक्रियाओं और संबंधों से उत्पन्न मानता है जहां मनुष्य अपने जीवन की आवश्यकताओं का उत्पादन करते हैं, उसके अनुसार, जीवन की नैतिक स्थितियों, उत्पादन की शक्तियों और उत्पादन के संबंधों में परिवर्तन के साथ-साथ मनुष्य की नैतिक अवधारणाओं में भी परिवर्तन होता है। वे प्रत्येक काल में समाज के आर्थिक ढांचे से नियंत्रित होती हैं।
>
> इससे यह नतीजा निकलता है कि दूसरे दर्शनों के विरुद्ध द्वंद्वात्मक भौतिकवाद के अनुसार नैतिक मान्यताओं से ऐतिहासिक विकास को नहीं समझा जा सकता क्योंकि वे स्वयं उस सामाजिक विकास की उत्पत्ति हैं जिस पर अन्य विचारधाराओं की तरह वे भी अपना प्रभाव छोड़ती हैं। इससे यह नतीजा निकलता है कि क्योंकि सभी ऐतिहासिक समाज वर्ग समाज रहे हैं इसलिए सभी नैतिक सिद्धांत एक या दूसरे सामाजिक वर्ग की आवश्यकताओं और हितों, आशाओं और आकांक्षाओं को प्रतिबिंबित करते हैं।
>
> मार्क्सवाद का विश्वास है कि आधुनिक विश्व में सर्वहारा वर्ग की वास्तविक स्थिति उसे वर्गों की समाप्ति के लिए संघर्ष करने को बाध्य करती है। वे उन वर्गों की तुलना में उच्च नैतिक मूल्यों के वाहक हैं जो मनुष्यों द्वारा मनुष्य के शोषण को समाप्त करने के लिए उतने बाध्य नहीं हैं। सोवियत संघ में सर्वहारा क्रांति की जीत के साथ ही एक नई नैतिकता या नैतिकता की जीत भी हुई है। वह है साम्यवादी समाज की नैतिकता। साम्यवादी नैतिकता मानव शोषण, गरीबी, और विकृति को समाप्त कर एक सामाजिक जीवन की ऐसी

> व्यवस्था का निर्माण करना चाहती है जिसमें अमानवीय माहौल का कोई स्थान नहीं होगा।[34]

अब अगर यह नीतिशास्त्र 'हमेशा जीवन की ठोस भौतिक स्थितियों से उत्पन्न होता है' तो उसे वस्तुगत यथार्थ का प्रतिनिधित्व करना चाहिए। नीतिशास्त्र सामाजिक संबंधों के बीच मानव व्यवहार को जांचने का साधन है। कलात्मक मानदंड किसी कलाकृति के मूल्य को जांचने का साधन है। जब इन मानदंडों का इस्तेमाल तकनीक की सतही परत से नीचे अधिक गहराई से किया जाता है तो वे भी कलाकृति में प्रतिबिंबित मानव व्यवहार को जांचने के साधन बन जाते हैं। इसमें कोई रहस्यात्मक या जटिलता नहीं है। इसके विपरीत, यह साहित्य की सब रचनाओं में प्रत्येक लेखक और प्रत्येक पाठक द्वारा अपनाई जाने वाली सहज प्रक्रिया है। मोलिएरे के उस पात्र की तरह, जो अचानक पाता है कि वह सारी जिंदगी गद्य बोलता रहा है, हम भी जीवन भर इस आलोचनात्मक पैमाने का उपयोग करते रहे हैं। हम साहित्य को नैतिकता से देखते हैं और परखते हैं, भले ही इस बात को जानें या नहीं। महत्व की बात यही है कि हम सब ऐसा करते हैं और एमरसन ने यह सही कहा था :

> कलाकार उस हवा, जिसमें वह सांस लेता है और उन विचारों, जिनमें वह और उसके समकालीन जीवित और सक्रिय हैं, से परिचालित होता है। वह अपने समय के तौर-तरीकों में हिस्सेदार है, भले ही उसे मालूम न हो कि वह तरीका क्या है।

लेकिन हमेशा कुछ ऐसे कलाकार रहे हैं जो नीतिगत संबंधों के प्रति जागरुक थे। एमरसन भी उनमें से एक हैं। अन्यथा जैसा कि एमरसन ने अपने निबंध में कहा है, वे लेखक के बारे में यह नहीं कहते कि :

> प्रकृति हमेशा आगे बढ़ती है। यह मूल का नया और श्रेष्ठ रूप है। किसी चीज का लेखा उस चीज की तरह ही जीवित होता है जो दर्ज की गई है। मनुष्य की स्मृति एक ऐसा शीशा है जो वस्तुओं का प्रतिबिंब पड़ते ही जीवित हो उठता है और उन्हें एक नया रूप दे देता है। जो तथ्यों से घटित हुआ वह जड़ नहीं है। लेकिन उनमें से कुछ दब जाते हैं और कुछ चमक उठते हैं। इस प्रकार हमें महत्वपूर्ण अनुभवों से युक्त एक नई तस्वीर मिलती है। मनुष्य सहभागी है। वह संवाद करना पसंद करता है…

यही चेतना है। अपने समय के तौर-तरीकों का कायर या दोषदर्शी

प्रतिबिंबन भर नहीं, बल्कि साहित्य के निर्माण में मानदंडों व नीतिशास्त्र का सचेत प्रयोग। लेकिन एमरसन के दिनों की तरह अब मानदंडों या नैतिकता का कोई एक पैमाना नहीं है। एमरसन ने कहा था कि 'पुस्तकों का सिद्धांत उदात्त होता है।' लेकिन उनके निवास स्थान से सात सौ मील दक्षिण में उनके ही क्षेत्र में नीग्रो लोगों को केवल इसलिए मारा जा रहा था कि उनके पास एक किताब थी। वह किताब कोई भी, चाहे बाइबल ही क्यों न हो। एमरसन या थोरो या ह्विटमैन या ब्रापंट या मार्क ट्वेन के पास दास प्रथा की पक्षधर बोर्बन की सड़ी-गली, पतित नैतिकता नहीं थी। उनके पास दूसरे प्रतिमान थे, जिनसे उन्होंने अपने लेखन को संवारा। ये प्रतिमान ट्रूमैन-बेबिन गठजोड़ की नैतिकता से अधिक सोवियत नैतिकता के करीब थे। यथार्थ की कुंजी साहित्य के इन प्रतिमानों और मानदंडों के प्रयोग द्वारा ही वे महान रचनाकारों के रूप में उभरे, जबकि साहित्य क्षेत्र में उनके बोर्बन समकालीन धूल में मिल गए और भुला दिए गए।

अगर दो टूक शब्दों में कहें तो हमारे समय का 'तौर-तरीका' दुहरा है—फासीवाद और साम्राज्यवाद का पक्षधर और उसका विरोधी। कोई इससे बच नहीं सकता। तटस्थ कोई नहीं है। लेखक को एक या दूसरे तौर तरीकों में हिस्सेदार होना होगा।

सोवियत उपन्यासकार आस्त्रोव्स्की ने कहा :

> मनुष्य की सबसे प्रिय वस्तु जीवन है। और यह जीवन उसे एक ही बार जीने के लिए मिला है। उसे इस प्रकार जीना चाहिए कि उसे वर्षों तक निरुद्देश्य जीने पर पछतावा न हो। उसे इस तरह जीना चाहिए कि मरते समय कह सके कि 'मेरा पूरा जीवन और पूरी शक्ति दुनिया के सर्वश्रेष्ठ उद्देश्य को समर्पित रहे—मानवता की मुक्ति के संघर्षों को समर्पित रहे।[35]

ऊपर की पंक्तियों में रूसी उपन्यासकार की नैतिकता का सारतत्व सुंदर रूप में उभरा है। यह उनकी पुस्तक 'हाउ द स्टील वाज टैंपर्ड' से ली गई हैं जो इंग्लैंड में 'एक नायक का उदय' शीर्षक से छपा। इस उपन्यास में आस्त्रोव्स्की सोवियत नागरिक की नई समस्या को, उसकी निर्माता परिस्थितियों को और उसे बदलने वाली शक्तियों को विषय बनाते हैं। पुराने में से नई चीज़ पैदा हो रही थी। सर्वहारा में से सोवियत राज्य का नागरिक पैदा हो रहा था। पूंजीवादी पतनशीलता की सड़ांध में से एक भावी मनुष्य की नई परछाई उभर रही थी। आस्त्रोव्स्की ने इस समस्या को उठाया। यह अपने में एक जोखिम का काम था। जिस प्रथम कवि ने

लौहाक्षरों से परिश्रमपूर्वक कविता गढ़ी, उसे भी इस तरह की चुनौती का सामना न करना पड़ा होगा। मानव की गरिमा के सूर्य का उदय हो रहा था।

एक नया यथार्थ रूप ले रहा था जिसे परखने के लिए नए प्रतिमानों की जरूरत थी। पुराने प्रतिमान उतने ही बीमार, सड़े हुए, विकृत, बेढंगे, लिजलिजे और बेहूदे थे, जितना स्वयं वह समाज जिसने उन्हें भ्रष्ट किया था। उन पुराने प्रतिमानों के बारे में जॉन पेन ने अपने उपन्यास 'प्रलोभन' में जो कहा है, उससे अच्छा कुछ नहीं कहा जा सकता। यह उपन्यास हॉर्थी के फासिस्ट हंगरी के बारे में लिखा गया सुंदर और रंगीन सर्वहारा उपन्यास है। पेन कहते हैं :

> चचा मत्यास औजार बनाने वाले एक बेहद विश्वसनीय मजदूर थे। वह न शराब पीते थे, न जुआ खेलते थे, न लड़कियों का पीछा करते थे। शनिवार की रात को मिली मजदूरी को लेकर सीधे घर आते थे और इतवार को कभी गिरजे से अनुपस्थित नहीं होते थे। लेकिन डेढ़ साल पहले वे भी 'छंटनी' का शिकार हो गए। उन डेढ़ वर्षों में चचा मत्यास के कोयले जैसे काले बाल सफेद हो गए। न उन्हें कोई काम मिल पाया, न उनकी पत्नी को। और उनके बच्चों की उम्र तो अभी स्कूल जाने की ही थी। वे दूसरी मंजिल से तलधर में आ गए। अब वे केवल इतवार को ही चर्च नहीं जाते थे, सप्ताह के दूसरे दिनों में भी चले जाते थे। लेकिन स्वर्गीय सत्ता के अधिकारी काफी व्यस्त थे। चचा मत्यास की प्रार्थनाएं अनसुनी रहीं। परिवार को कोई काम नहीं मिला, तलधर की खिड़की से कोई दिव्यान्न नहीं गिरा और खेतों में लिली के फूलों की तरह के उनके पास कपड़े भी नहीं थे। चचा मत्यास जानते थे कि उनकी सुंदर जवान पत्नी किराए के बदले अक्सर गृह सुरक्षा अधिकारी का बिस्तर गर्म करने जाती थी। वह चचा मत्यास को शायद पहले से ही इसकी सूचना दे देती थी क्योंकि उन अवसरों पर वे अक्सर गायब रहते थे और प्रायः अपने पांचों लड़कों को चर्च ले जाते थे। जब वे गिरजे में होते तो मकान में सब जानते थे कि चचा मत्यास के घर में क्या हो रहा है। बच्चे उस अधिकारी की जासूसी करते और यह देखने के लिए कि 'इसमें कितना समय लगता है', वे घड़ी में समय देखते रहते। चचा मत्यास के बच्चे दूसरे बच्चों की फब्तियों से बचने के लिए शर्म के मारे घर से बाहर नहीं निकलते। वे पिंजरे में बंद चूहों की तरह तलधर में सहमे रहते…

> मध्यवर्ग के लोग निम्न वर्गों के बारे में कहेंगे, इस तरह के लोगों के लिए यह आम बात है। उनका कोई स्तर नहीं है।[36]

बिल्कुल ठीक। मध्य वर्गों और शासक वर्गों के पास आज की जरूरतों को पूरा करने वाले कोई प्रतिमान नहीं हैं। आशा और यातना के बीच से नए प्रतिमान उभर रहे हैं। और इन्हीं नए प्रतिमानों से आस्त्रोव्स्की ने सोवियत नागरिक के उदय और विकास पर अपनी सुंदर पुस्तक लिखी है। उनकी पुस्तक में कुछ रूखापन, कुछ अटपटापन, कुछ कठोरता अवश्य है, क्योंकि वह एकदम नए और अछूते विषय को लेकर लिखी गई है। आप उससे वैसे नहीं गुजरते जैसे एक प्रकाशित गली से गुजरते हैं। हर चीज की कोई न कोई शुरुआत होती है। लेकिन मुझे पिछली पीढ़ी द्वारा अंग्रेजी में लिखी ऐसी पुस्तक नजर नहीं आती जिसे 'हाउ द स्टील वाज टेंपर्ड' के साथ रखा जा सके। अनगढ़ शुरुआत भी जड़ समकालीनों को बौना बना जाती है।

उन्नीस

सोवियत साहित्य दो गुणों से परिपूर्ण है, आशा और जीवन। भविष्य के लिए अदम्य आशा और जीवन की प्रक्रिया में अदम्य विश्वास। इन दोनों से मिलकर मनुष्य के सुख का असीमित परिप्रेक्ष्य बनता है। मानव इतिहास में पहली बार भविष्य ने अपने सस्ते, रहस्यात्मक और आदर्शात्मक जाल को उतार फेंका है और पहली बार भविष्य का एक वैज्ञानिक और भौतिकवादी रास्ता बनाया गया है। 'आकाश में लटकती झूठी आशाओं' का स्थान 'मनुष्य के ज्ञान की अपरिमित खोज और सफलता' ने ले लिया है। और यह मात्र एक आशा या भविष्य का सपना ही नहीं है बल्कि हमारे समय का केंद्रीय यथार्थ है। इस अंतर की गुणात्मक प्रकृति को पहचानना जरूरी है।

जिस समय जैक लंडन 'लोहे की एड़ी' लिख रहे थे लगभग उसी समय गोर्की ने 'मां' लिखा। दोनों ही लेखकों ने स्वयं को सचेत रूप से अपने देश के अगुआ दस्ते सर्वहारा वर्ग से जोड़ा—गोर्की ने रूस की सामाजिक-जनवादी पार्टी से (जो बाद में कम्युनिष्ट पार्टी बनी) तथा जैक लंडन ने अमरीका की समाजवादी पार्टी के वामपक्ष से (जो बाद में कम्युनिस्ट पार्टी बनी)। दोनों ही लेखक 1905 की क्रांति में रूसी सर्वहारा वर्ग की अस्थाई हार से गंभीर रूप में प्रभावित हुए। 'लोहे की एड़ी' में लंडन ने उस उभरते फासिज्म का अविश्वसनीय चित्र खींचा जो अंतर्राष्ट्रीय सर्वहारा

वर्ग को कुचल कर मानव-सभ्यता के विकास को सैकड़ों वर्ष पीछे धकेल देगा। लेकिन गोर्की क्योंकि संघर्ष के बीच में थे इसलिए वे भविष्य को अधिक आशान्वित रूप में देखते हैं। लेकिन वे भी केवल भविष्यवाणी ही कर पाए। 'मां' के अंत में सजायाफ्ता पावेल भावावेग में न्यायालय को बताता है :

> हम क्रांतिकारी हैं। जब तक निजी संपत्ति का अस्तित्व मौजूद है, जब तक कुछ लोग केवल आदेश देते हैं और दूसरे काम करते हैं, तब तक हम रहेंगे···जीत हमारी ही होगी, हम मजदूरों की। तुम्हारा समाज उतना शक्तिशाली नहीं है, जितना वह अपने को समझता है।[37]

लेकिन पावेल नहीं जानता कि ज्ञान को एक सच्चाई के रूप में देखा जा सकता है। वह केवल आशा और विश्वास जानता है। और उस विशेष क्षण में पूंजीवादी समाज अपराजेय दिखाई पड़ता है। पावेल के समकालीन आज भी जीवित हैं। लेकिन तब से दुनिया की शक्तियों में पूर्ण बदलाव आ चुका है। यहां तक कि बेहद आशावादी पूंजीवादी भी व्यक्तिगत रूप से हिटलर द्वारा अपने लिए 'एक हजार वर्ष' की मूर्खतापूर्ण उद्घोषणा में विश्वास नहीं कर सकते। जैसा कि विलियम फास्टर ने बहुत गर्व और विश्वास के साथ कहा है, 'विश्व पूंजीवाद का धुंधलका' ही हमारे आज के समय के लिए सटीक नाम है। हमारे समय के केंद्रीय यथार्थ को इसे प्रति-बिंबित करना चाहिए : सोवियत लेखक के लिए अक्सर यह यथार्थ उसके अस्तित्व का स्वाभाविक और पूर्ण हिस्सा है। उसके लिए जीवन और आशा इतनी स्वाभाविक और स्वीकार्य हैं, जैसे हवा और पानी। लेखक की यह प्राणभूमि सोवियत समाज के हर पक्ष में मौजूद है। फासिस्ट आक्रमण-कारियों के विरुद्ध सोवियत जनता द्वारा अपने देश की रक्षा के प्रयत्नों से पैदा होने वाले साहित्य में यह अत्यधिक स्पष्ट हुआ। कोई नितांत उदासीन या मूर्ख व्यक्ति ही उस जबरदस्त और भयंकर अग्नि परीक्षा के प्रति उदा-सीन दृष्टिकोण अपना सकता है। केवल एक समाजवादी लेखक ही इस आग में तपकर निकलने वाले भविष्य की खुशी और उम्मीद को देख सकता है। अब अकेला 'क्रांतिकारी', 'महान मृतकों' का रक्षक, कम्यून का शहीद ही नहीं बोल रहा है, यह एक नए समाजवादी की आवाज है जो बनते हुए समाजवाद की रक्षा कर रहा है। यह उस कम्युनिस्ट की आवाज है जो इस आंदोलन में भविष्य का निर्माण देख रहा है। राबर्ट माइनर के शब्दों में कहें तो यह 'मानवता की आकांक्षाओं की सबसे सुंदर अभिव्यक्ति है।' सोवियत

उपन्यासकार लियोनिद लियोनोव ने अपने सुंदर, भावात्मक उपन्यास 'क्रोध का रथ' में धातु के टुकड़े एक टैंक का मानवीकृत रूप में चित्रण किया गया है :

> अब वह उन पर्वतों के लिए लड़ाई को तैयार था जिसने धातु को जन्म दिया था, उन लोगों के लिए जिन्होंने उसे रचा और स्तालिन के लिए जिसने उसे अस्तित्व में आने का आदेश दिया। और अगर हम पीढ़ियों की स्वतंत्रता जीतने वाले मानव हथियार की बात करें तो अमरत्व प्राप्त करने से पहले भी उसकी यह आखिरी रात थी।[38]

इसमें एक नया स्वर है। एहरेन बर्ग, सोबोलेव, फादेयेव, ग्रॉसमैन, पाब्लेंको, वसिलेव्स्का और अन्य अनेक सोवियत लेखकों के युद्ध लेखन में भी यही स्वर दिखाई पड़ता है। अगर सार रूप में कहें तो वह इस प्रकार होगा— 'मैं भविष्य का नागरिक हूं और उस मानव-भविष्य का कथाकार हूं जो सामने है। हम अमर हैं, क्योंकि हम मनुष्यता की आशा और आकांक्षाओं के वाहक हैं और हमारे पीछे लाखों-करोड़ों लोग हैं।'

बीस

सोवियत साहित्य में नए नीतिशास्त्र और नई नैतिकता पर आधारित प्रतिमानों के प्रयोग की विस्तृत छानबीन करने के लिए एक स्वतंत्र पुस्तक की जरूरत होगी। यह प्रक्रिया स्वतःस्फूर्ति नहीं थी। इसका विकास धीरे-धीरे सोवियत साहित्यकारों द्वारा नए यथार्थ की वास्तविक प्रकृति को पूर्णतया पकड़ने के संघर्ष के दौरान हुआ। उन्होने उस देश में रचना की जिसके पास उपन्यास की एक गौरवशाली उपन्यास परंपरा थी। यह गोगोल और तुर्गनेव, ताल्स्ताय और दास्तोवस्की का देश था। उन्होंने इस परंपरा से बहुत कुछ सीखा। वे उसके उत्तराधिकारी थे। उनका यह संघर्ष अभी जारी है। लेकिन जो दृष्टिकोण इस बीच सामने आए हैं उनकी परीक्षा की जा सकती है। इस जटिल समस्या का एक पक्ष अलक्जेंडर बेक की उस उत्तेजक कथा में दिखाई पड़ता है जिसमें उन्होंने पान्फिलोव की सैनिक टुकड़ी द्वारा मास्को की रक्षा का वर्णन किया है। मैंने इस पुस्तक का ब्रिटिश संस्करण पढ़ा है जिसका शीर्षक है 'आन द फार्वर्ड फ्रिंज'। यह अमरीका में 'मरने के लिए नहीं' शीर्षक से प्रकाशित हुई है।

ब्रिटिश संस्करण में इस पुस्तक को एक उपन्यास कहा गया है। मुझे नहीं मालूम रूसी इसे क्या कहते हैं। अमरीका में युद्ध के दौरान हम इस

पुस्तक को 'युद्ध रिपोर्ताज' कहते। यह बड़ा ही फूहड़ शीर्षक है, लेकिन इसके अलावा और कोई नाम इसके लिए हमारे पास नहीं है। हमने सच्चाई और उपन्यास के बीच एक बड़ी दीवार खड़ी कर ली है, जबकि कला में इस तरह की कोई दीवार नहीं होनी चाहिए।

सतही रूप में देखने पर पुस्तक का रूप सीधा और जाना-पहचाना है। इसके लेखक बेक बारजन मोमिश अली नाम के एक बटालियन कमांडर के बारे में जानकारी देते हैं। यह कमांडर सोवियत संघ के एशिया क्षेत्र का एक कजाक है। उसके बाद लेखक उसकी रूसियों और कजाकों की मिली जुली बटालियन की पहली मुठभेड़ के अनुभवों का वर्णन करता है। इस वर्णन से पुस्तक रूप धारण करती है।

इससे आपको तुरंत याद आ जाएगा कि अनेक बुद्धिमान अमरीकी संवाददाताओं ने भी युद्ध के दौरान यही पद्धति अपनाई थी। इसका इतना प्रचलन हुआ कि अनेक ऊंचे दामों वाले बाजारू साहित्यकारों द्वारा लिखित व्यक्तिगत विवरणों से पुस्तकों की दुकानें भर गईं। युद्ध के शुरू में विलियम एल. ह्वाइट का 'दे वर ऐक्सपेंडेबल' था जो 'रीडर डाइजेस्ट' की शैली में लिखा फ्रेंक मेरीवैल जैसी गढ़ी हुई कहानी था। उसके बाद उसकी लिखी 'रानियां गर्व से मरती हैं' आई। यह वही ह्वाइट हैं जिन्होंने बाद में सोवियत संघ पर भद्दा हमला करते हुए लिखा था। यह आक्रमण कुछेक तथ्यों पर आधारित था और सच्चाई से वैसे ही दूर था जिस तरह उनके युद्ध विवरण थे।

इन दोनों पुस्तकों ने एक ऐसी पद्धति चला दी जिसका अनेक लोगों ने बाद में अनुकरण किया। इसलिए जहां बेक की पुस्तक का रूप परिचित है, वहां उनका कथ्य एकदम भिन्न है। न तो कोई 'दे वर ऐक्सपेंडेबल' को उपन्यास कह सकता था और न ही 'रानियां गर्व से मरती हैं' को सच्चाई इस तरह की पुस्तकें न तो उपन्यास थे और न सच्चाई। उन्हें जुमलेबाजी की पुस्तकें कहा जा सकता है, जिनकी घटनाओं में और चित्रित मनुष्यों में क़िसी भी तरह की गहराई नहीं है।

जबकि इसी युद्धपोत का इस्तेमाल करते हुए बेक ने युद्ध में साहस की उत्पत्ति के कठिन सवाल से जूझने की कोशिश की। उदाहरणार्थ, जापानी बंदियों के प्रति हमारे व्यवहार का वर्णन करते हुए अमरीकी लेखकों ने पूंजीवादी अनैतिकता की शरण ली और युद्ध की हिंसात्मक घटनाओं का खूब घिनौना और पाशविक वर्णन किया। लेकिन रूसी लेखक बेक ने युद्ध से पैदा होने वाले तमाम अंतर्विरोधों के बीच नैतिकता के सवाल को उठाया। जीवन का यथार्थ अनंत अंतर्विरोधों का पुंज है। अगर नैतिकता

इन सवालों का सामना नहीं कर सकती तो वह एक आदर्शवादी ढोंग बन कर रह जाती है।

मारने और मरने का सवाल वर्गसमाज की गंदगी का स्वीकृत अंग रहा है। समाजवादी मनुष्य की आंखों से इसको पुनर्परीक्षा जरूरी है। वर्ग समाज की नैतिकता में 'तुम हत्या नहीं करोगे' का उपदेश केवल जबानी जमाखर्च की चीज बनकर रह गया है। लेकिन वर्ग समाज का मुख्य सरोकार (विशेषकर पूंजीवाद के समय में) मानव हत्या करना और मानव हत्या की प्रक्रिया को सुंदर जामा पहनाना रह गया है। और फासीवाद के रूप में विकसित पूंजीवाद ने इतनी बड़ी संख्या में लोगों की हत्याएं की हैं, जिसकी मनुष्य गणना या कल्पना भी नहीं कर सकता। लेकिन समाजवाद के अंतर्गत 'तुम हत्या नहीं करोगे' केंद्रीय नीति बन जाती है। जीवन ही कम्युनिस्ट का आदर्श है और मृत्यु उसका निषेध। फिर उन समाजवादी लोगों को क्या कहेंगे जो समाजवाद की रक्षा के लिए लोगों को मारते हैं?

ये ही वे समस्याएं हैं, जिन पर बेक ने इस ढंग से विचार किया है जैसा हमारे साहित्य में नहीं किया गया। इस प्रकार यह वर्णन का एक नया स्तर है और सिमोनोव ने स्तालिनग्राद संबंधी अपने उपन्यास में जिस चीज का अनुभवात्मक रूप में वर्णन किया है उसी को बेक ने द्वंद्वात्मक रूप में पेश किया है। वे नए यथार्थ की पड़ताल करने वाले सचेत भौतिकतावादी हैं। स्टीफन क्रेन ने अपने 'साहस का लाल बिल्ला' में जिस चीज की खोज की थी, उस साहस की उत्पत्ति को यहां परिभाषित कर दिया गया है। क्रेन बुर्जुआ समाज के सतही मूल्यों के नीचे नहीं जा पाए जबकि बेक अपनी नाटकीय सामग्री को एक आदर्श समाज के लिए मनुष्य संघर्ष के रूप में देखते हैं। साहस किसी विशेष स्थिति के प्रति प्रतिक्रिया है। यह साहस स्वतंत्रता के लिए हो रहे संघर्ष की समझ से पैदा होता है। अपने पूर्ण अर्थों में यह 'सख्त रहो, सख्ती करो' के उस साहस से गुणात्मक रूप में भिन्न है, जो विचारहीन ढंग से जाति भेद और फासीवाद का समर्थन करता है। साहस के 'लाल बिल्ला' के बजाय यहां यह समझ होती है कि स्वतंत्रता की लड़ाई में खेत रह जाने वाला आदमी मरता नहीं है। इसी समझ की गहराई से साहस पैदा होता है।

यह नैतिकता एक नई नैतिकता है, लेकिन फिर भी बहुत पुरानी है। प्रतिरोध की नैतिकता ही आज के समाज की वास्तविक नैतिकता है जो मानव की मुक्ति के संघर्ष को आगे बढ़ाती है और समाजवाद के निर्माण में सहायक है। वही नैतिकता अच्छी है। अपने पूर्ण अर्थों में लागू करने पर इसी अवधारणा से समाजवादी यथार्थवाद के नए प्रतिमान पैदा होते हैं।

इक्कीस

इस संक्षिप्त आलेख के बीच में, मैंने साहित्य और यथार्थ के संदर्भ में ही प्रतिमानों और नीतिशास्त्र के विषय को छुआ भर है। इस बारे में पहले ही काफी भ्रम निवारण हो चुका है कि कलात्मक प्रतिमान या मानव नैतिकता कोई रहस्यात्मक अपरिवर्तनीय चीज हैं। प्रतिमान या नीतिशास्त्र किसी ईश्वरीय हाथों द्वारा पत्थर पर खोदी गई चीजें नहीं हैं। दोनों जीवन की भौतिक परिस्थितियों के बीच ही पैदा होते हैं। निजी संपत्ति के पैदा होने से पहले 'तुम चोरी नहीं करोगे' की अवधारणा पैदा नहीं हो सकती थी। और एक दिन साम्यवाद के तहत जब शोषक समाप्त हो जाएंगे तो चोरों का अस्तित्व ही मिट जाएगा। अगर मनुष्य ने जीवन की भौतिक परिस्थितियों और उत्पादन की पद्धति द्वारा पैदा हुई जरूरतों से सौन्दर्य को मापने के प्रतिमान न गढ़े होते तो वह शायद सौंदर्य के प्रति सजग ही नहीं होता। और उसी तरह वह नए प्रतिमान भी गढ़ेगा।

इस दृष्टिकोण का निषेध 'जॉन द्वारा ईसाई धर्म व्याख्या' में मिलता है, जहां वह कहता है, 'शुरू में केवल शब्द था और शब्द ईश्वर के पास था और इसलिए शब्द ही ईश्वर था।' और आज तक कई आदर्शवादी, यहां तक कि रूसी कवि बेली जैसे लोग भी विश्वास करते हैं कि 'अगर शब्द नहीं होते तो दुनिया ही नहीं होती।' अनेकानेक आधुनिक अमरीकी लेखक भी कमोवेश रूप में इस वक्तव्य से सहमत हैं। लेकिन इस संबंध में हमारी समझ बिलकुल साफ, वेबाक और स्पष्ट होनी चाहिए कि मनुष्य पहले आया और उसके अस्तित्व के संघर्षों, जीवन के सघर्षों से ही संस्कृति और अन्य चीजों की रचना हुई।

इस संबंध में हमारी समझ साफ होनी चाहिए कि मानव नैतिकता और कलात्मक प्रतिमान जीवन से, समाज में वर्गस्थितियों और वर्गसंबंधों से अर्थतंत्र के तत्कालीन साधनों से मनुष्य के संबंधों से, पैदा हुए। यथार्थ प्रतिमानों को प्रतिबिंबित नहीं करता बल्कि प्रतिमान यथार्थ के पक्षों को प्रतिबिंबित करते हैं। और जब प्रतिमानों का वस्तुगत यथार्थ से संबंध टूट जाता है तो वे उसी प्रकार सड़े गले, भ्रष्ट और अमानवीय हो जाते हैं जिस तरह आज पूंजीवादी दुनिया की नैतिकता।

इस प्रकार आज कला में अतिप्रकृतवाद, दादावाद, अस्तित्ववाद, सर्वनकारवाद, स्वच्छंदतावाद, पलायनवाद, 'नए कवियों' 'नए समीक्षकों' नए लेखकों का गिलहरी पिंजड़ा अचेतन का समकालीन लोकप्रिय अमरीकी स्कूल, वहशी, सूअरनुमा अंतर्चेतना और मूर्खता आदि के जो नारे चल रहे

हैं उन सबका उस नीतिशास्त्र से संबंध है, जो हमारे समय के यथार्थ से पूरी तरह कट गया है।

भ्रष्टाचार का व्यापक होता हुआ पोखर मरते हुए समाज का साहित्यिक दर्पण बन गया है। इससे पतन की ऐसी सड़ांध उठ रही है जो पहले कभी नहीं देखी गई। पूंजीवाद के इतिहास में इससे पहले पूंजीवाद का साहित्य इतना दिवालिया कभी नहीं हुआ था, इससे पहले कभी अमरीकी बुद्धिजीवी ने यथार्थ से इस तरह पलायन नहीं किया था। लेकिन साथ ही यह भी कहना होगा कि इससे पहले यथार्थ कभी इतना शक्तिशाली, इतना आश्चर्यजनक, इतना नया और इतना गौरवशाली नहीं था।

बाईस

महान फ्रांसीसी कम्युनिस्ट पाल वेलेंट ने कहा था, 'कम्युनिज्म विश्व की जवानी है।' एंगेल्स ने एकाधिक बार इस बात को रेखांकित किया कि पूंजीवाद मानव इतिहास के 'प्राक् मानव' युग का अंतिम चरण है। सभ्यता के सूर्योदय की लाली हमारे सामने फूट रही है और सामूहिक हत्या, सामूहिक शोषण और धर्म के सामूहिक भ्रष्टाचार को बढ़ावा देने वाला समाज खत्म हो रहा है। यह महान युग है जो युग प्रवर्त्तक मनुष्यों को पुकार रहा है। वह कला में उस संभ्रांतता को पुकार रहा है जो मनुष्यता की सच्ची संभ्रांतता के समकक्ष होगी। आज एक नया यथार्थ है, एक नया नायक है इसलिए एक नए इतिहासकार की जरूरत है। आदमी की कौंक्रोच से तुलना करने वाले काफ्का और उस जैसे हजारों तथाकथित लेखकों के बारे में हम यही कह सकते हैं—'वे जहन्नुम में जाएं और मरें! वे इतिहास के कूड़े के ढेर पर फेंके जा चुके हैं।'

मनुष्यता की समस्त यातनाओं, आशाओं और स्वप्नों से छनकर आया कम्युनिस्ट आंदोलन आज एक मजबूत और अवश्यंभावी शक्ति बन गया है। कम्युनिस्ट पार्टी के दो सौ दस लाख सदस्य मनुष्य की आकांक्षाओं का झंडा उठाए हैं। यह नए यथार्थ के नए नायक हैं—फासिस्ट बंदूकधारी दस्तों के सामने अदम्य खड़े होने वाले यूनानी, अपनी प्रिय मातृभूमि की उजाड़ पहाड़ियों से अपने प्राचीन फासीवाद-विरोधी संघर्ष को जारी रखने वाले स्पेनवासी, अपने ओंठों पर स्वतंत्रता का गीत गाते आगे बढ़ते करोड़ों चीनी, वार्सा घेटों में मरने वाले यहूदी, पोलैंड और इजराइल की पथरीली पहाड़ियों में बसे यहूदी, फिलीपीनी देशभक्त, अपनी यातनाग्रस्त मातृभूमि के बीचोंबीच मुक्त क्षेत्रों की रक्षा करते भारतीय किसान फ्रांकों के स्पेन के

लिए जहाज लादने से इंकार करने वाले आस्ट्रेलिया के जहाजी, 'मृतकों की पार्टी'* शब्द की एक पवित्र फुसफुसाहट से पुकारने वाले फ्रांसीसी मजदूर, वियतनाम का मुक्ति संघर्ष, जावा द्वीप वासियों का स्वतंत्रता संग्राम, अमरीकी नीग्रो का बढ़ता गुस्सा, हजारों साल के दमन से मुक्त हुए हंगरी के मजदूर, अपने देश की अभूतपूर्व रक्षा करते और वहां साम्यवाद की स्थापना करते अभिमान से भरे गर्वीले सोवियत संघ के नर-नारी, अपने अन्दर कल के निर्णायक बीच छिपाए क्रुद्ध, हिंसक और बेचैन अमरीकी मजदूर वर्ग। ये सब आज के नए नायक हैं।

क्या आप नायक तलाश रहे हैं? वे आपको उन बेबस, गंदे, कायर कम्युनिज्म विरोधियों में नहीं मिलेंगे, जो आज हमारे देश में इतने 'सुरक्षित' हैं। न ही साहित्य ही आपको उस दिशा में मिलेगा। साहित्य यथार्थ का हिस्सा है। साहित्य जीवन के यथार्थ से बंधा, उससे एकाकार है। जीवन से अलग साहित्य का कोई अस्तित्व नहीं है और कलाकार का नागरिक से अलग कोई अस्तित्व नहीं है। उसके लिए आत्मसमर्पण का रास्ता अवश्य खुला है, लेकिन आत्म-समर्पण करके एक सर्जनात्मक, जिंदा लेखक बनने का कोई रास्ता नहीं है।

आज हम एक बेहद अजीबोगरीब काल में रह रहे हैं। कुछेक अपवादों को छोड़कर आप कोई भी पत्रिका या समाचार-पत्र खोलिए, आपका वहां पेट के बल घिसटने वालों, साइकिल चालकों की नई कौम मिलेगी जो परों के नीचे पड़े रिरिया रहे हैं। आज का अमरीकी लेखक अपने जीवन में, अपनी रचना में और अपनी राजनीति में (पुनः कुछ अपवादों को छोड़कर) केवल एक चीज को सिद्ध करना चाहते हैं कि वह कम्युनिस्ट नहीं है और उसका कम्युनिज्म से संबंधित विचारों से दूर का भी रिश्ता नहीं है। कुछ दिन पहले ही विलियम सारोयान नाम के एक अमरीकी उपन्यासकार ने कहा था, 'वह अमीरों के लिए गरीबों के बारे में लिखता है।' अभी हाल ही में 'एक भूतपूर्व कम्युनिस्ट' जॉन डोस पासोस ने आज के रेंगने वाले अमरीकी बुद्धिजीवी के लिए साहित्य का प्रारूप तैयार किया था, वह है 'अमीरों के लिए साहित्य' का नारा। जो डोस पासोस कुछ वर्षों पहले तक व्यक्तिगत और वस्तुगत रूप में वामपंथ के साथ संबद्ध रहे और उन्होंने अपने काल के बहुत ही महत्वपूर्ण और उत्तेजक दस्तावेज लिखे, आज वे

* प्रतिरोध के दौरान नाजियों द्वारा क्योंकि सत्तर हजार कम्युनिस्ट मारे गए इसलिए फ्रांस की कम्युनिस्ट पार्टी का यह नाम चल पड़ा। यह नाम फ्रांस की जनता के दिलों में कम्युनिस्ट पार्टी के बलिदानों के लिए सम्मान का द्योतक है।

हमारे समय के अन्य अनेक लेखकों की तरह राजनीतिक गद्दारी और साहित्यिक पतन पर पहुंच गए हैं। इस कारण नपुंसकता के इस बंजर में अन्य समकालीनों की अपेक्षा वे हमारे ध्यान के अधिक अधिकारी हैं। यह सही है कि नपुंसकता के इन खानों में हम जेम्स टी फेरैल, ग्रॉविले हिक्स, लियोनेल ट्रिलिंग, एडमंड विल्सन, मैक्स ईस्टमैन, रिचर्ड राइट और अन्य अनेक गद्दारों को भी देखते हैं। इनके साथ ही ऐसे भी कुछ भले लेखक हैं जिन्होंने स्वयं को जीवन से काट लिया है और इस कारण किसी साहित्यिक उपलब्धि से भी काट लिया है। इस श्रेणी में जान स्टेनबैक, एर्सकाइन काडवैल अर्नेस्ट हैमिग्वे, इर्विन शॉ, विंसेंट शीयान, लेविस मम्फोर्ड, वाल्डो फ्रैंक तथा अन्य कई प्रसिद्ध नाम आते हैं। उन्होंने अपने से ही दगाबाजी की है। संघर्ष के क्षेत्र से स्वयं को हटाकर यथार्थ से बांधने वाले सूत्र को काटकर उन्होंने अपनी रचना शक्ति की अमूल्य चिंगारी को ही खत्म कर लिया है। लेकिन फिर भी यह तो कहा जा सकता है कि उनमें से हरेक ने उस बदनाम रास्ते पर कदम रख दिया है, जिसकी तार्किक परिणति जॉन डोस पासोस के पतन में हुई है।

अपनी हाल ही में प्रकाशित पुस्तक 'एक बड़ी योजना' में डोस पासोस अपने लक्ष्य पर प्रकाश डालते हैं। उनकी विषयवस्तु वाशिंगटन में हुए, नए समझौते का काल है और उनके चरित्र पर इस नए समझौते के लोग हैं। पुस्तक में उन पर भयंकर और विकृत आक्रमण किया गया है। प्रगति के अत्यंत प्रारंभिक रूप भी डोस पासोस को बुरे और घिनौने दिखाई पड़ते हैं। अमरीकी प्रतिक्रियावाद, कैथोलिक चर्च धर्माधिकारी वर्ग, और मध्ययुग फासीवाद के सुंदर सार से मिलकर डोस पासोस महोदय के हृदय में स्थान पा गए हैं जिसे कुछ रूढ़िवादी आलोचकों तक के लिए भी निगलना संभव नहीं हुआ। उन्हें भी स्वीकार करना पड़ा कि उसने बहुत ही खराब पुस्तक लिखी है। लेकिन प्रकटतः उदार साप्ताहिक 'राष्ट्र' में उसकी त्रात्स्कीवादी सहयोगी डायना ट्रिलिंग इस घटिया शराब को हजम करके लिखती हैं :

> हर व्यक्ति के लिए, जो युद्धों के बीच के काल के साहित्य से परिचित रहा है, जॉन डोस पासोस के एक नए उपन्यास का आना भावुकता का अवसर है। इसलिए यह कह सकना अच्छा लग रहा है कि श्री डोस पासोस के वर्ममान राजनीतिक दृष्टिकोण से कितना ही तीव्र मतभेद रखने वाला व्यक्ति भी उनके इस नए और राजनीतिक उपन्यास को पढ़ना चाहेगा। इसका पढ़ना वैसा ही है जैसे कोई अपने मुद्दत बाद मिले दोस्त के साथ शाम बिताए और साझी यादों को

> जिए, विश्व के बारे में उसकी प्रतिक्रिया की ताजगी से भर उठे और इस बात पर प्रसन्न हो कि मतभेदों के बावजूद वह एक कद्दावर विरोधी है।[39]

क्या साहित्यिक समीक्षा के नाम पर आपने पहले कभी ऐसा मूर्खतापूर्ण, हास्यास्पद प्रलाप देखा है ! और जब श्रीमती ट्रिलिंग त्रात्स्कीवादियों की जानी मानी नेता हों तो कैसे संभव है कि वे मानव के पक्ष की कोई भी बात कह सकें। असलियत तो यह है कि उनके और पासोस के राजनीतिक दृष्टिकोण में कोई भिन्नता नहीं है। श्री जॉन पासोस ने संपूर्ण रूजवैल्ट काल को अपने आक्रमण का लक्ष्य बनाया है तो उसमें एक हद तक ईमानदार बेईमानी है। वह किसी भी छल या भ्रम को छोड़कर साफ कहते हैं, 'मैंने प्रतिक्रियावाद को चुना है।' लेकिन उनका सर्जक कलाकार मर चुका है। और बुर्जुआ के रूपवादी, भाषावादी दृष्टिकोण से भी देखें तो जो वे लिखते हैं वह शर्मनाक और निराशाजनक बकवास है। केवल उसी जैसे लोग उसकी प्रशंसा कर सकते हैं और अपने इस अजीब झुटपुटे में वे एक-दूसरे की पीठ सहलाते हैं।

जॉन डोस पासोस की रचना में जिस तरह की तार्किक परिणति है, उनकी ऐतिहासिक भूमिका में भी उसी तरह का तार्किक व्यंग्य है। साहित्य बहुत ही कठिन, श्रमसाध्य और बेहद व्यावहारिक स्वामी है। गरिमा और स्वतंत्रता के लिए किए गए मानवता के संघर्षों की गाथा से पैदा होकर (वर्ग समाज का यही मुख्य विषय था) साहित्य ने मानव जीवन की मूलभूत गरिमा से चुनाव और थहाने का साधन निर्मित किया। साहित्यकार को बहुत ही ऊंचा दर्जा दिया गया है। लेकिन इसके बदले में उससे जीवन और यथार्थ को गले लगाने की उम्मीद की जाती है। ऐसा न करने पर उसे इतिहास की कूड़ेदानी में फेंक दिया जाता है साहित्य में कोई अमर खलनायक नहीं है, कोई तार्कमेदास नहीं हैं। जो लोग मानवता के साथ गद्दारी करते हैं उन्हें इनाम में बिचौलियापन और बंध्यापन की सूखी धूल मिलती है। लेकिन जो मानवता से अपना संबंध जोड़े रखते हैं उन्हें बड़े पुरस्कार मिलते हैं। उन्हें कोई शक्ति मिटा नहीं सकती। दो हजार वर्षों तक वर्ग शक्ति के चाकरों ने यूरीपिडीज को ध्वस्त करने की कोशिश की, लेकिन वे अमर पक्षी की तरह नए रूप में पुनर्जीवित हो उठते हैं। भ्रम के बादलों का कोई कोहरा जनतंत्र के इस प्रबल प्रहरी को ढंक नहीं सकता। जैसा कि 'साइप्रस की शराब' में ऐलिजाबैथ बैरेट ब्राउनिंग ने लिखा है :

> हमारा यूरीपिडीज, मनुष्य

अपने गिरते गर्म आंसुओं के साथ
आम चीजों पर उनका स्पर्श
जब तक वे उठकर खगोल न छू लें।
लेखक की कला के बारे में इससे बेहतर या सुंदर कुछ कहा जा सकता है ?

तेईस

आज लेखक की भूमिका क्या है ? उससे क्या अपेक्षा की जाती है ? क्या उसे नायक होना चाहिए ? क्या हमारे समाज के किसी भी समुदाय से नायकों की मांग करना ज्यादती नहीं है ? लेकिन इसका उत्तर यही होगा कि उसकी अपनी आत्मा के सिवा उससे कोई कुछ नहीं मांग सकता। दूसरे लोगों के लिए 'उसके लिए अपना आप सत्य हो' उतना मुश्किल नहीं है, जितना एक सर्जनात्मक लेखक के लिए। अगर वह आज लेखन को चुनता है तो उसे आज के जीवन के यथार्थ को अपनाना होगा।

एक अर्थ में यह स्थिति कमोबेश रूप में हमेशा से रही है। वर्ग समाज ने कब साहित्य निर्माताओं का सम्मान किया है ? उसने उन्हें बदनाम करने, उनकी रचनात्मक चिंगारी को छीनने, उनकी उपलब्धियों के खजाने को लूटने की कोशिशें कब नहीं कीं ? वर्ग समाज ने कब व्यक्ति का गला घोंटने, उसकी स्वाधीनता को छीनने की कोशिश नहीं की ? आज पूंजीवाद के तहत व्यक्ति की जो स्वतंत्रता अतीत की याद बनकर रह गई है, समाजवाद में उसका पूर्ण विकास हो रहा है। रोस्टेंड के वीरगाथा पूर्ण नाटक सिरानो द बर्गेराक' में कलाकार की स्थिति के बारे में सिरानो का गर्व भरा वक्तव्य है। भव्य, बेहद बड़बोला होने के बावजूद मेरी जानकारी में वर्ग समाज में लेखक की विश्वसनीयता को उद्घाटित करने वाला इससे अच्छा और कोई वक्तव्य नहीं है। सिरानो ने एक नाटक लिखा तो उसके मित्र द गिचे ने सलाह दी कि अगर सिरानो यहां-वहां कुछ पंक्तियों को बदल दे तो वह अच्छा बन सकता है। सिरान्नों जवाब देते हुए लिखते हैं :

आप मुझसे क्या कराना चाहते हैं ?
किसी महान पुरुष का आश्रय खोजूं,
एक लंबे वृक्ष पर झूलती लता की तरह
ऊपर की तरफ रेंगूं, जहां मैं अकेला खड़ा नहीं हो सकता ?
नहीं आपका शुक्रिया। जैसा कि लोग कहते हैं
कविताएं साहूकार को समर्पित करूं।

34. रोजेंथाल और यूदिन : 'हैंडबुक आफ फिलासफी'
35. निकोलस ऑस्त्रोव्स्की : 'द मेकिंग आफ ए हीरो', न्यूयार्क, 1937
36. जॉन पेन : 'टेंपटेशन', न्यूयार्क, 1946
37. मैक्सिम गोर्की : 'मदर', न्यूयार्क, 1947
38. लियोनिद लियोनोव : 'चेरिअट आफ राथ', न्यूयार्क, 1946
39. 'द नेशन', न्यूयार्क, 22 जनवरी, 1949
40. एडमंड रोस्टेंड : 'सिरानो द बर्गेराक', ब्रियन हुकर द्वारा अनूदित, न्यूयार्क, 1923